正能力十书

策略人生定成败

洪亮 编著

二十一世纪出版社集团
21st Century Publishing Group
全国百佳出版社

图书在版编目（CIP）数据

策略人生定成败 / 洪亮编著. -- 南昌：二十一世纪出版社集团，2018.6

ISBN 978-7-5568-2764-0

Ⅰ. ①策… Ⅱ. ①洪… Ⅲ. ①成功心理—通俗读物 Ⅳ. ①B848.4-49

中国版本图书馆 CIP 数据核字 (2017) 第 144112 号

策略人生定成败 洪亮/编著

策　　划　张　明
责任编辑　敖登格日乐
出版发行　二十一世纪出版社集团
（江西省南昌市子安路75号　330009）
www.21cccc.com　cc21@163.net
出 版 人　张秋林
经　　销　新华书店
印　　刷　北京正合鼎业印刷技术有限公司
版　　次　2018年6月第1版　2018年6月第1次印刷
开　　本　787mm × 1092mm　1/16
印　　张　16.5
字　　数　240千字
书　　号　ISBN 978-7-5568-2764-0
定　　价　39.80元

赣版权登字—04—2017—534

目录

胆识卷

第一

原文

任天下事，皆胆也；其济，则智也。知水溺，故不陷；知火灼，故不犯。其不入不犯，其无胆也，智也。若自信入水必不陷，入火必不灼，何惮而不入耶？（《智囊全集》）

译文

要处理天下的事情，都需要胆量；而要把事情办好，就需要智慧了。知道水会将人溺死，所以不会让自己陷入其中；知道火会灼人，所以不会犯让火灼伤自己的错误。这样躲避溺水和烧灼，不是没有胆量，而是一种智慧。如果自信下水不会被淹死，靠近火不会被灼伤，又有什么好害怕而不去做呢？

解读

胆量也可以称为一个人的勇气，属于人先天的一种性格特征。而胆识与胆量的区别就在一个“识”字，它是一种见识，需要后天的历练和培养，是在自己和他人的认识和经验基础上累积起来的一种智慧。

在遭遇险境和难题的时候，只有认清形势，经过反复的剖析，以无比的勇气和决心去克服困难并达成目标，这样才算得上是一个有胆识的人。“有胆无识乃为勇，有识无胆谓之怯”，有胆量的人如果没有智慧，那只是匹夫之勇，不足以成大事，而如果只有见识而没有胆量，做事情一样会停滞不前。

一个有胆有识的人，必定有过人的聪明才智和非凡的勇气，只有这样，他才能在人生的道路上披荆斩棘，到达成功的终点。否则，当最好的机会到来时，你也只有眼睁睁地看着它溜走。

案例

诸葛亮空城计大败司马懿

胆识对于我们来讲是很重要的，有的时候胆识的缺乏可能让你和胜利失之交臂，历史上这样的事情也并不少见。

三国时期蜀国的“定海神针”诸葛亮毕竟不是神仙，他难免也会有失误的时候，在街亭一战中，由于其任用马谡使得战略要地失守，于是他挥泪斩了马谡。而此时，魏司马懿趁机来到诸葛亮所在的西城，当时情况非常危急，整个西城基本上没有武将，全是文官坐镇，而守护此地的军队五千人中有一半前去运送粮草了，仅剩下的一半人无论如何都不可能与对方的大军匹敌。在这种情况下，诸葛亮保持了他一贯的冷静风格，他对手下人说：“大家切莫惊慌，我自有妙计可退敌兵。”

司马懿大军兵临城下，诸葛亮传令下去让所有的人都把旌旗收了起来，士兵们全都不要出来，并且要求他们不要出声，否则斩无赦。紧接着他叫人把整座城的几个城门全都打开，每个城墙上找了 20 个士兵装扮成百姓的样子旁若无人地扫地。诸葛亮本人就一个人坐在正门的城墙上安然处之，弹奏着一首古曲。司马懿这个人生性多疑，他看到西城中的布置以后，暗自疑惑，他命令自己的军队前后军颠倒，由进攻状变成了撤退状，准备撤军。

司马懿的二儿子司马昭很聪明，他向自己的父亲说：“是不是诸葛亮此处并无军队，所以专门故布疑阵，做这么个样子来给我们看呢？”司马懿说：“诸葛亮一生以谨慎著称，从来没有冒过险，现在他敢打开城门，一定是故意想引我进去啊！”于是他就率领着各路兵马撤退了。

诸葛亮的手下都很佩服他，问道：“司马懿是魏国的大将军，也是一代名将，今日率领了魏国的大部分精兵来到此地，没想到见到丞相您就率兵离去了，这是为什么呢？”诸葛亮说：“古人就说‘知己知彼，百战不殆’，因为对方领兵的大将是司马懿，我才敢使用这空城之计，若是司马昭或者是曹操率兵前来的话，我可就不敢这样了！”

正是因为诸葛亮非常了解司马懿的性格，知道他在没有十足把握的情况下断然不会出兵，所以才大胆使用了相应计策取得了战争的胜利。反观司马懿的一生，用兵谨慎是其最主要的风格，可是在这次西城一战中，如若他能够在自己的胆识上稍多一成，想来蜀国早就成为魏国的囊中之物了。

所以说，人在某些特殊的情况下一定要有胆识，因为它可能会给你带来成功。

原文

时寇准在澶渊，掷骰饮酒鼾睡，真宗恃之以安。内外得人，故虏不为害。当有事之日，须得如此静镇。(《智囊全集》)

译文

当时寇准在西边的澶州城楼上，掷骰子鼾睡饮酒作乐，真宗仗着他才有安全感。寇准与在东京的王旦，两人配合得如此密切，真宗对内对外能任用人才，所以不会造成祸害。面临急事的时候，必须要如此镇静。

解读

寇准抗辽在历史上很有名。面对强敌辽军的大举进攻，作为文官的寇准不但身先士卒，亲临前线，而且力排众议，动员皇帝亲征。为了安抚皇上，在探子的窥视下，他安然地在城楼上与士兵玩乐、鼾睡，表现得胸有成竹，终于使得将士一心，取得了胜利。

面对岌岌可危的战况，在孤掌难鸣之际，寇准懂得动之以情，晓之以理，劝说皇帝以大局为重；在战火一线之际，他胸有成竹，指挥若定，拯救国家于危亡之间；他在城楼上安之若素，为皇帝树立了必胜的信心，他真可谓是勇于担当、敢于冒险、胆识过人。在人生道路上，风险许多时候是躲避不了的，有时候是躲避了小风险又会酿成大风险。蹩脚的决策者遇到风险是胆战心惊，想方设法绕开去，最终又躲避不开。而优秀的决策者却不会低头，他们只是把困难当成一笔财富，一块迈向成功的垫脚石。从困难中奋起，这才是生活的真谛，也才会成为生活的宠儿。

案例

李时珍创作《本草纲目》

古人有句话叫“男儿当自强”，这句话说出了男儿的本性，《易经》里说“天行健，君子以自强不息”，也道出了身为一个男人，想要做出一番事业，就要自强不息。同样作为一个男人，如果你不能克服困难，那你想要成就自己的事业，就比较困难了。

李时珍是我国明朝时期的人，他是我国古代历史上伟大的医学家和药物学家。李时珍出身于医学世家，他父亲的医术就很高明，给穷苦人家的老百姓看病的时候还经常不收诊费，但是，我国当时的教育是人们学习了文化知识就要参加科举考试，像行医是为当时的士人所瞧不起的，所以李时珍的父亲不太愿意让自己的儿子走自己的老路。可是，李时珍的心里却并不这么认为，他暗地里下定决心，要做一个像父亲那样的医者以为人治病，悬壶济世。

李时珍在22岁的时候就已经开始为人看病了，他一面给人看病，一面还研究药材、药物。在为人看病的过程中李时珍发现很多旧的药物典籍中都存在或多或少的问题，于是他下定决心重新编写一部完善的药物书以方便医者。为了写这部药物书，李时珍不但在治病的时候注意积累经验，还亲自到各地去采药，他不怕山高路远，不怕严寒酷暑，走遍了全国各地那些盛产药材的名山，他不但观察草药的生长还经常亲口品尝那些奇奇怪怪的药材，判断其药性和药效。有的时候为了研究药物性能，他甚至几天都不下山，饿了就吃些随身携带的干粮，天黑了就在山上过夜。就这样，李时珍走了上万里路，拜访了成千上百的医生、老农、渔民和猎人，从他们那里学到了许多书本上没有的知识。

经过几年的走访研究，李时珍再次回到老家。他花了整整二十七年的时间，终于编写成了一部包罗万象的新药物书，这就是著名的《本草纲目》，这部书一共有一百多万字，记载了一千八百多种药材，每一种都配有插图，可谓是中药书籍中一部伟大的著作，现在该书已经被翻译成好几国文字，在全世界流传。

李时珍冲破家长的阻挠，不畏艰险编写《本草纲目》的故事告诉我们，做每件事都不是轻而易举就能完成的，只要你下了决心，那就努力去完成自己的目标，李时珍为了完成自己的理想和事业，用尽一生的心血。和他相比，你再看看现在面临的困难，那还算是困难吗?

原文

人到是非紧要处，辄依阿徇人，只为恋恋一官故。若死且不避，何有一官！毋论所持者正，即其气已吞群小而有余矣。蔺之渑池，樊之鸿门，皆是以气胜之。

译文

人到了对与错的紧要关头，如果还阿谀奉承，多半是为了贪恋官职，如果连死都不怕，何况只是一个官位呢？不要说他们所持的理由充足，光是他们那股不惧死的气势，就足以震慑那群小人了。渑池之会中的蔺相如、鸿门宴中的樊哙，都是这样以气势取胜的。

解读

在贪婪残暴的权贵面前，如果一味地曲意逢迎，有所顾忌，只会让他们的气焰更加嚣张。如果能够置生死于不顾，慷慨陈词，他们身上表现出来的那种临危不惧的气势对那些小人本身就是一种震慑。

俗话说“宁为玉碎，不为瓦全”，在面对困难的时候，我们的胆识要在我们的性格上体现出一种“硬度”，在气节上要表现为一种“刚劲”，宁愿站着死，也不愿跪着生，不要轻易向困难妥协和屈服。

真的君子，都有叱咤风云的勇气和临雷霆而不变色的风范。奸人本来就心中有鬼，如果在奸人面前一身正气，自然就可能会震慑奸人保全自己，这就是邪不压正的道理。

案例

一身正气文天祥

鲁迅先生曾经说过:“真正的英雄，敢于直面惨淡的人生，敢于正视淋漓的鲜血。”的却如此，在面对贪婪残暴的时候，我们应当有一种气节，应当有“宁为玉碎，不为瓦全”的英雄气概。

文天祥是我国南宋时期著名的爱国诗人和伟大的民族英雄。他不但身材魁梧，而且相貌堂堂，小时候看到学宫中祭祀的欧阳修、杨邦义和胡铨等人的谥号中都有一个“忠”字就十分钦佩那些人，他放出豪言壮语:“要是自己的谥号得不到一个忠字，那就不配称为真正的男子汉。”从小就立下远大志向的文天祥20岁的时候就考取了进士，在集英殿的应答中面对当时宋理宗在位期间的种种政事，他在没有打草稿的情况下就一气呵成了一篇长达万字之多的文章，主考官王应麟看到后欣喜若狂，上书皇上说:“这篇文章以古为鉴，赤胆忠心，皇上能得到如此之人才真是可喜可贺的事啊！”为此，皇帝亲自判定了文天祥为第一名。

文天祥为人正直，从不肯向奸佞之徒低头。1259年，蒙古的军队入侵南宋，宦官董宋臣居然出主意说迁都可以免受军事之苦，但是没有谁敢说这个主意的错误，只有文天祥上书请求斩了董宋臣，以统一人心，皇上没有采纳文天祥的意见，文天祥自请回乡。后来他又被征召入朝，但是一直都和董宋臣、贾似道等奸佞之徒做斗争，从没向他们有过一丝妥协。

后来，蒙古人的铁骑还是踏进了南宋的土地上，面对满目疮痍的国家，文天祥先是进京勤王，他把自己家的财产都作为了军饷，而后在东南一带苦战多年。相传现在福建南平的“文山城墙”就是当年文天祥的正直感动了上天，所以神仙下凡来帮他建筑成功的。但是，依靠个人的力量毕竟是回天无术的，历史不可改变，元朝最后战胜了南宋，而文天祥也在战争中被俘。

当时，众人将文天祥押解至元朝大将军张弘范处，张弘范以宾客之礼招待他，多次劝降未果。在此期间文天祥写下了脍炙人口的《过零丁洋》，其中那句“人生自古谁无死，留取丹心照汗青”至今还被我们传唱。

可以说，在我国历史上文天祥就是“一身正气”的代表人物，他一生正义凛然，以一死保全了自己的气节，难怪后人称之为“经纶弥天壤，忠义贯日月”了。我们在现代社会中，也应该有文天祥这样的气节，只有这样才能流芳百世啊！

原文

若无此等胆决，强横小人，何所不至？（《智囊全集》）

译文

世上如果没有这些有胆量、能果断的官员，强势蛮横的小人有什么会做不出来的呢！

解读

智者不惑，勇者不惧。破釜沉舟，是官员对付小人的常用手法。两智相争勇者胜，成大事者之所以为成大事，乃在于他决断时的智慧与胆识，能够排除错误之见。正确的判断是成大事者一个需要经常训练的素养。强势蛮横的小人最怕的就是这样的人，如果不能果毅行事，小人必将变得猖狂而无法制服。

人们在生活中处理事情也是一样的道理，有的人做事情总是怕做错或做不好而表现得不够主动，也不敢随便发表自己的意见和看法。特别是在遇到困难的时候，总是犹豫不决或者过度依赖他人的看法，这样的人一辈子很难做出一番成就。

人们处理事情的时候要保持清醒的头脑，对事情分析清楚后果断做出决定，不要犹豫，也不要瞻前顾后，积极地按照自己的想法去做，不要害怕失败。假如我们能在关键时刻充分发挥自己的智能和胆识，做出正确的决断，将是非常有必要的。

案例

该出手时就出手

世事总是变幻莫测、繁复纷杂的，所以我们在处理事情的时候应当保持清醒，要能够在短时间内做出最佳决断，做到“该出手时就出手”。

宋朝人吕公弼当年采用比较宽松的政策治理成都，很多人都嘲笑他，说他没有威严，处事不够果断。有一次一名小兵犯了刑法，本来应该处以杖责的刑罚，可是这个人却撒泼耍赖说道：“我宁可被斩首也不愿意被杖责。”吕公弼见他这样说就回答他道：“杖责你是按照国家的法律而来的，斩首你是你自己情愿的。”于是他下令先杖责此人以显示国法威严，然后再斩其首以满足此人的愿望。从此以后，成都城内再也没有人敢嘲笑吕公弼软弱了。

无独有偶，同样是宋朝人的张咏在崇阳做官的时候也出现了类似的情形。有一次，他看到一名官员从保存朝廷物资的府库中走出来，发现这个官员的鬓发的下边居然卡了一枚钱币，他审问此人以后，此人承认钱币是从府库中带出来的，张咏就要依照律例将这名官员施以鞭打的刑罚，官员很生气，说道：“有什么了不起的啊，才一枚钱币就要鞭打我。我想着你也就敢打打我撒气，断然不能杀了我吧！”张咏提笔写道：“若果一天拿一枚钱币，一千天就是拿一千枚钱币，如此累积起来，滴水也能穿石，绳索都可以锯断木料了。”写完以后，他亲自拿着剑就走下台阶，亲手斩掉了那名官员。紧接着，张咏走到府衙内进行了自我弹劾，陈述了自己的罪状，这件事情长时期以来都为崇阳百姓津津乐道。

后来张咏迁任到了益州做知府，有一名小吏出言不逊，冒犯了张咏，张咏就命人给他戴上刑具，小吏忍耐不住自己的怒气，居然大叫道：“你现在给我戴上刑具倒是容易，可是你想让我摘下刑具那就难了！”张咏笑道：“我怎么就看不出要你摘下刑具的难处呢？”话音刚落，张咏就提剑砍下刚刚戴上刑具的小吏的头，在场的其他官员都为之一惊。

上述吕公弼、张咏两人在国家的刑法面前毫不徇私，既保存了国法的公正公平，又当机立断震慑了相似案件，实在是有谋有断，颇有胆识啊！

原文

生于下贱，何曾读书知礼义，而临变不乱，处分绰如，世之自命读书知理义者，吾不知有此手段乎否也？（《智囊全集》）

译文

出身贫穷，身份卑微，从来没读过圣贤书，更不知道礼法和道义，但是她们却能在危难面前处变不惊，从容计划。世界上那些自认为饱读诗书、知礼明义的人，我实在是不知道他们是不是也有这份能耐。

解读

历史上很多妇人，如徐氏、申屠氏、邹仆妻等，她们都是丈夫遭人陷害后，能为夫报仇的人。徐氏在外联合丈夫昔日的部将，在内与众女婢合力，里应外合终于制服妫览，为丈夫报仇；申屠氏处境虽然比较困难，但她小心谨慎，周密部署自己的复仇计划，从不轻易显露出来；邹仆的妻子亲眼见到盗匪们夺取丈夫性命，但她却能做到不动声色，一面在心中盘算如何复仇，一面美言诳骗盗匪，当天便用计擒灭了盗匪。

在等级制度森严的封建社会，女性地位不高，也没有读过什么圣贤书，对于礼法和道义更是不知道，但在危难面前，她们不仅能处变不惊，更是充分运用自己的机智和灵敏来脱离困境，不能不说她们是大智大勇、胆识过人。

弱小者只要拿出胆识，巧施谋略，再强的人物也不是对手。所以，不要认为自己弱就放弃抗争，就妥协求存，在危机面前，我们更需要拿出胆识，沉着应对，就不会被强权压垮。

案例

邹仆妻为夫报仇

封建社会中女性一直处于社会的底层，属于社会中的弱势群体，她们中的大多数无法掌握自己的命运，更别说在危机面前可以自救了，但是事无绝对，历史上有一些在危急中镇定自若的女性，她们为我们的历史画上了美妙的一笔。

五代后梁末年的时候，天下大乱，但是襄州掌管军事事务的大臣邹景温被朝廷调往徐州地区，依然掌管军务。他的家仆里边有一个人从小习武，有一些拳脚功夫，所以在邹大人走马上任以后就和妻子两个人骑驴去寻邹大人。途中必须经过一片水泽之地，当时那个仆人居然大声喊道："我听说此处居住着很多绿林好汉，难道就没有一个有胆量出来和我一较高下的吗？"话音刚落，只见旁边的草丛中就跃出了彪形大汉五六人，几个人分工合作很快将那个仆人团团围住，这时一名盗匪出其不意，从家仆身后蹿出，一把抱住了他并且侥幸将其击倒在地，说时迟那时快，只见那名盗贼已经手握一把短刀，一下子结束了那家仆的性命。

这位仆人刚刚丢掉性命，却听到旁边仆人妻子的声音，众人转头望过去，只见此女既不惊恐害怕，也无悲戚伤心之色，她娇声道："多谢各位大侠为我这弱女子报仇雪恨，实在是痛快啊！"几名盗贼面面相觑，该女子接着说道："我本是良家女子，是被这个男人强迫才嫁给他的，今日在此得遇几位壮士，想来这就是老天保佑我吧！"

几名盗匪听了那女子的话，就没有难为她，还带着她一直往南走去，走了大约五十里路，来到了亳州城边上一个叫作达孤庄的村落，走得累了众人准备休息，只见那女子向村中走去，盗贼们都以为这个女子要去村里乞讨食物，就任她去了。不想，该女子走到村子里边见了村长，声泪俱下将自己丈夫惨死的情况告诉了对方。村长赶紧召来附近守卫巡逻的士兵，出其不意地将这些盗匪包围并捕获了。最后，这位女子为自己的丈夫报仇雪恨后返回了襄州，青灯古佛，了此一生。

这位邹姓仆人的妻子面对突如其来的灾难没有悲形于色，她掩盖着内心的悲伤，在关键时刻想到了好的说辞保住了自己的性命，又瞅准时机找到援兵为自己的丈夫报了仇。虽然历史上没有留下她的名字，但是她沉着冷静的面对危难的故事却为后世带来了很多的启示。

原文

智生识，识生断。当断不断，反受其乱。(《智囊全集》)

译文

有了智慧才会对事物有一定的识别能力，有了识别能力才会有正确的判断能力。在应该当机立断的时候如果拖拖拉拉，反而会因此遭受祸乱。

解读

当断不断，反受其乱。自古成大事的人除了足智多谋外，还在于他们行事果断，在关键时刻能当机立断，善于抓住时机并毫不犹豫地采取措施和行动。如果遇事犹犹豫豫，畏首畏尾，结果只会坐失良机，最终一事无成。

很多时候，成功的人并不是最优秀的人，而是最会抓住机会表现自己的人。因为成功与生命的价值取决于瞬间的决断力，生活的机遇也常常偏爱挑战人的这一份敏锐与担当。

决断决定行动的方向。在你综观全局，果断决断的那一刻，你的人生便已经注定。两智相争勇者胜，成大事者之所以为成大事者，乃在于他决断时的智慧与胆识，能够排除错误之见。因为没有正确的判断，就会面临更多的失败和危急关头。在失败和危急关头保持冷静是很重要的。有人面对危难，狂躁发怒；成大事者临危不乱，沉着冷静，理智地应对危局。在平常状况下，大部分人都能控制自己，也能做正确的决定。但是，一旦事态紧急，他们就自乱脚步，而无法把持自己。

所以，面对人生，我们既要有当机立断的决心，也要有永不后悔的气魄。看准了，想好了，就要当机立断，立即行动，然后坦然面对各种可能。

案例

多谋少断的袁绍

“智生识，识生断。当断不断，反受其乱。”这句话最早出自《史记》，是用春申君的故事来告诉我们有智慧的人不但要有见识、有谋略，更要有处理和决断事情的能力，如果该果断的时候没有决断，那么自己将反受其害。

虽然春申君在战国时期就给我们上了这样一课，但是历史上还是有很多类似的故事。三国时期的袁绍就是有名的“多谋少断”，当时围绕在他身边的谋士很多，战将也数不胜数，可是却兵败曹操，这主要是因为他的个性造成的。当有什么事情出现的时候，袁绍身边的谋士就各抒己见，从各个方面为其分析局势，提供解决问题的思路，可惜袁绍本人缺乏决断的能力，所以在这种时候就会优柔寡断，不知道到底该怎么办好。

白马之战中，袁绍的手下跟他说有一个红脸长胡子使大刀的将军杀了己方阵营中的大将颜良，此时其手下的谋士沮授就建议他应当借此机会及时除去刘备。袁绍指着刘备说：“你的二弟杀了我的大将，你一定是同谋啊，我必须要斩了你。”刘备从容回答：“天下长得差不多的人多了，难道所有红脸长胡子的都是我的二弟关羽吗？”袁绍听了刘备的话就马上改变了主意反而怪罪自己的谋士，说沮授进谗言使得自己差点误杀好人。

后来关羽又杀了袁绍的大将文丑，袁绍的手下郭图、审配就说：“现在又是关羽杀了咱们的大将啦，刘备是故意装作不知道的。”袁绍又一次大怒准备斩掉刘备。此时，刘备再次辩解说：“曹操一向都忌惮我，现在知道我在你这里，故意让关羽杀了你的两个大将，为的是激怒你借你之手除掉我啊，你要杀了我可就中了曹操的奸计啦！希望大人你好好思索一下啊！”袁绍一听觉得刘备说得很有道理就又一次原谅了刘备。

俗话说“机不可失，失不再来”，袁绍两次对待刘备如出一辙，当真是出尔反尔、多谋少断啊！由此可见，如果一个人多谋少断那么他在有很多选择的情况下就绝对不会产生正确的判断了，尤其是对领导者来说，这应该就是他的致命弱点。的确是这样，如果作为领导的自己总是犹豫不决，任何时候都不坚定信念，那么他如何让手下和自己共同奋斗呢？

原文

乖崖三呼，而军哗顿息；中山三叩头，而主信益坚。仓卒间乃有许大主张，非特恪谨而已！（《智囊全集》）

译文

张咏高呼三声万岁，平息了军士们急躁反叛的情绪；徐达三叩首，坚定了太祖对他的信任。这两人都是在极短的时间内做出对日后影响甚大的决定。看他们二人的作为，岂只是行事谨慎而已。

解读

我们要学会多谋善断，毕竟“当断不断，反受其乱”。决策是不能一拖再拖的，必须在有效的时间地点内完成。否则，正确的决策一旦过了时间就会成为错误的方案。

多谋善断，重点在“谋”之一字，要多谋，少谋是不行的。要与各方面去商量，要反对少谋武断。因为客观实际情况都是错综复杂、千变万化的，而个人的知识、经验和才能都很有限，不可能什么都看得清，也不可能什么都懂。故而，要做出正确的判断，除了靠自己的学识、经验和聪明才智外，还需要把别人的智慧吸收进来，好的意见和建议集中起来，进行分析、比较和鉴别，最后再拿主意，下决心，做决断。

谋是基础，只有多谋，才能善断。“善断”不但要断得正确，而且要断得及时，不失时机，“当机立断”。解决任何矛盾都有一个时机问题。“善断”有时还需要刚柔相济的方法和策略。在具体工作中，要根据不同的情况，需要刚则刚，需要柔则柔。当然，这里所说的刚，是刚强，处事不惊，而不是固执；是刚毅果断，而不是刚愎自用。柔，是指办事情形式多样，方法灵活，临机应变，而不是优柔寡断。

案例

多谋善断的郭嘉

上次我们讲了三国时期的一个多谋少断的袁绍，同样是在那个英豪云集的年代，这回我们再来看看当时的另一个著名谋士郭嘉。和袁绍不同的是，郭嘉可是一位多谋善断的高级谋士，他在曹操的阵营中为其立下了汗马功劳。

郭嘉出生于颍州，在年少的时候就已经显现出远见卓识了，他看到汉末的形势预料到天下即将大乱，所以 20 岁的时候就已经隐居了。郭嘉第一次出山曾经到袁绍军中，后来发现袁绍优柔寡断的性格知道他难成大业就坚决离去再次隐居。直到 196 年的时候，曹操非常器重的谋士戏志才过世，荀彧为曹操推荐了自己的好朋友郭嘉。郭嘉见到曹操以后两人共谈天下大事，颇有相见恨晚之势。曹操多次称赞郭嘉见识过人，是自己的“奇佐”，他曾经这样说过:“更够帮助我成就大事的人正是郭嘉啊！”从此，郭嘉便在曹军中担任了军师祭酒，为其出谋划策，助其一统北方。

两年以后，也就是 198 年，刘备被吕布大败之后跑到曹操军中，当时谋士程昱对曹操说:“刘备此人不可留，应当杀死他以绝后患。”曹操询问郭嘉的意见，郭嘉说:“程昱所言极是，但是杀死他我认为不可。因为当年曹公您举义兵之时曾经说过为百姓除暴，并且只要是天下英雄豪杰均可来此。现在刘备在世上已有了英雄之名，于自己穷途末路的时候投奔而来，若我们杀死了他必定会背上杀害贤良的恶名，到时候天下的谋士将军会怀疑您当年说的话，都会为自己重新谋求出路，那时候谁还会帮助您平天下呢？用一个人对您的隐患来换天下人的归心还是后者重要啊！”曹操听从了郭嘉的建议，没有杀掉刘备。

但是，郭嘉也同样认为刘备有雄心壮志，其两位结拜兄弟关羽、张飞又是百里挑一的大将军，所以上书曹操说:“古人常说‘一日放纵敌人，便成数世的祸患’，所以希望您为刘备寻得一处合适的位置安排他啊！”也就是说，郭嘉希望曹操能够软禁刘备，以避免今后的麻烦。但是这次曹操却没有接受郭嘉的意见，他为了让刘备心悦诚服，反而对刘备更好了。而后，刘备想方设法离开曹营的时候，郭嘉恰巧不在身边，曹操就答应了。事实证明，郭嘉的忧患是对的，后来刘备果然和孙权、曹操三分了天下。

郭嘉在曹操统一北方的过程中起了很大的作用，以曹操多疑之心却一直对郭嘉宽容有加，甚至与其同榻而坐，可见郭嘉的重要地位。如若曹操当年听从了郭嘉的计谋，想来三国的历史会重新书写了。由是观之，在任何时候我们都要既能谋又能断啊！

原文

韩范已知张、李二生有用之才，其不敢用者，直是无胆耳。孔明深知魏延之才，而又知其才之必不为人下，故未免虑之太深，防之太过，持之太严，宁使有余才，而不欲尽其用，其不听子午谷之计者，胆为识掩也。（《智囊全集》）

译文

明朝的韩范虽然知道张、李二人是可重用的人才，却不敢用，原因是由于胆小；三国时的诸葛亮虽深知魏延的才干，同时也知道以魏延之才不会居人之下，因此顾虑太深，防犯太多，戒备太严，宁可只借重魏延的余才，却不敢让他完全发挥。当初孔明不肯采纳魏延所提子午谷的计策，就是由于孔明的胆气被识虑所蒙蔽。

解读

用人，直接关系到一个国家或组织的盛衰存亡。《贞观政要・择官》曰："致安之本，惟在得人。"就是说，要使国家太平，最根本的一条就是选拔得力的人才。

任何事情都要靠人去做，靠人去抓。用一个能人，事成。用一个庸人，事败。用一个好人，能把事办好。用一个坏人，能把事办坏。事情的成败好坏，全在于人。人与事的关系，就好比是纲与目的关系：纲举目张。所以，要想办成事，就必须打破常规，不拘一格用人才。

看准了的人才，就要大胆任用之，用人不疑，疑人不用，而非事事小心，诸多疑虑，反而束缚了自己的手脚。当你对一个人进行正确判断后，一定要给予他充分的信任，当然在原则性的问题上，自己一定要亲自过问。只有这样，一个组织才会聚集人气，越来越壮大，同样，只有人尽其才，事情才会尽善尽美。

案例

用人不疑，疑人不用

孙子兵法的谋攻篇中提出了国君在战争中的作用，其中有一点讲的是任用人员的问题，如果上下不一心，总相互猜忌，那么战争势必不能胜利。与此相同的在治理国家、整治公司等各种形似的时刻，我们都要给使用的人才以充分的信任啊！

周成王登基的时候刚刚年满十二岁，也就相当于现在六年级的小孩子，让他治理国家是根本不可能的。与此同时，当时周王朝建立没有多久，政权相对动荡，不但一些部落蠢蠢欲动，就是之前被灭掉的商朝后裔也觉得有机可乘，在这种情况下周公旦顶住了各种压力和来自四方的猜疑，开始摄政。

周公一方面快捷有序地发号施令，其雷厉风行的处事风格对当时的整个朝局来讲是至关重要的；另一方面他又加强对周成王抚养教育的力度，从小事做起，让成王能够快速地成长。当时成王和自己的小弟弟叔虞一起玩耍，成王拿了一片桐叶对他说："我将封你为王。"而后就将此作为小孩子玩耍的戏言过去了。周公却穿上朝服对成王讲述了君无戏言的道理，让成王明白了一个国君应当担负的责任，这就是历史上著名的"桐叶封弟"的故事。

周公的做法受到很多人的猜忌，他们认为周公旦独揽大权有篡位之嫌，尤其是自己的几个兄弟更是心怀不轨，不但四处散布谣言，更和纣王的儿子武庚勾结起来趁机搞复辟。在此关键的时候，周成王绝对信任自己的叔父，而周公也和另一个兄弟召公一起争取了很多的力量平定了三王之乱。等到周成王年满二十岁的时候，周公依照自己之前的诺言还政于王，成王和自己的儿子康王一共在位四十多年，当时周朝社会进步，人民幸福，这都有赖于周公的帮助啊！

古人常说"用人不疑，疑人不用"，只要你用一个人就不要总去怀疑，否则上下不一心怎能成大事呢？上述周公被众人见疑，可是周成王一直对其信任，这样才开创了“成康之治”啊！同样，当你怀疑了一个人的时候如何还能让他做事呢？

作为领导一定要有识人的能力和用人的魄力，只有这样才能上下一心取得一定的成就啊！

能言卷

第二

原文

夫不谏则君危，谏则危身。孔子曰:“谏有五，吾从于讽。”或托诸词章，或假诸他事，冀君父豁然悔悟而迁于善，乃忠臣孝子之用心也。(《经世奇谋》)

译文

对于君主的过失，如果不劝谏则是害了君主，如果劝谏自己则有可能遭受危险。孔子说:“劝谏的方法有五种，我赞成采用委婉的语气进行暗示、劝告或指责。”有的人借助诗词文章，有的人借助其他事情，希望君主能幡然醒悟，而转向善的一面，这就是忠臣孝子的一片良苦用心。

解读

古时候，臣子向君王进谏是件很困难的事情，因为说服别人本身就不是一件容易的事情，何况对象还是高高在上的君主，所以进谏尤其需要很大的勇气。即便是再英明的君主，虽然他知道臣子直谏是忠于自己，但他同样也会认为自己天威不可犯，有时也会情绪激动而失去理智，将臣子的忠言当成谗言，这时谏臣就可能会有生命的危险。所以，劝谏还是要讲究方法的，说话千万不可太直，要懂得含蓄委婉。人之作孽，莫甚于口，言语尖刻，多为人忌。说话直言不讳、开门见山固然简单明了，但也容易伤害对方的自尊，含蓄委婉的表达方式更能体现人的语言修养，可以适应人们心理上的自尊感，容易产生赞同并达到劝说的效果。特别是在待人处事上，要小心“祸从口出”，少直言指责他人的不足或纠正他人性格上的弱点，否则就会给自己带来很多不必要的麻烦。

劝说他人，特别是劝谏身居高位的人，一定要委婉，要照顾他的尊严。在指出他的错误之前，最好先赞美他一番。

案例

邹忌讽齐王纳谏

人们常说“良药苦口利于病，忠言逆耳利于行”，难道所有的忠言都必须说得难听刺耳才行吗？我们看看战国时期的邹忌是怎么做的吧！

邹忌是战国时期齐国的大臣，他大概有一米八高，长得一表人才，又是齐国的相，用现在时尚的话来说就是典型的“高富帅”，有一天他穿戴好衣帽就顺口问自己的妻子说：“听说城北有一个叫作徐公的人是我们齐国有名的美男子，我和他比起来谁更好看一些呢？”他的妻子回答道：“当然是您更美啊！”邹忌又问自己的小妾：“我和城北的那个著名的美男子徐公相比谁更漂亮呢？”他的小妾想也没想就回答道：“当然是您了！”第二天，有一个客人来到自己家里，邹忌又问了相同的问题，这位客人很快就说：“当然是大人您漂亮了！”

邹忌到城北见到徐公，发现对方无论从容貌还是风度上好像都比自己略胜一筹，他就开始思考为什么自己的妻子、小妾和客人都非要说自己漂亮一点儿呢？后来邹忌发现，自己的妻子说自己漂亮那是因为“情人眼里出西施”，妻子是偏爱着自己的；小妾的地位很低，一定是惧怕自己，所以不敢说真话；而客人更是有求于他，所以只拣好听的说罢了。

后来，邹忌上朝拜见齐王的时候就把这件事讲给了国君听，进而推论道：“现在我们齐国这么强大，有城池一百二十座之多，后宫嫔妃和身边的近臣全都会偏爱大王，朝中的大臣也都惧怕大王，国内的百姓也都对大王有所求，由此可见，国君受到的蒙蔽会比常人更多啊！”齐威王听了邹忌的话大声叫好，于是下令全国，鼓励全国人民通过各种途径为自己提意见，只要是有利于国家发展的都有不同程度的赏赐。从此以后，齐国的国力更加强盛了，与他同时代的燕国、赵国、魏国和韩国都派人来朝见。

邹忌把齐国的现状和自己的亲身经历结合起来给国君进谏，国君在听故事的过程中发现了邹忌的本意，意见也提了，国君也高兴了，国家也昌盛了，可谓一箭三雕啊！由此可见，并不是只有难听的话才是忠言，我们提意见的时候完全可做到“忠言顺耳”，这主要看我们用怎样的方式了。

原文

智非语也，语智非智也，喋喋者必穷，期期者有庸，丈夫者何必有口哉！固也，抑有异焉。两舌相战，理者必伸；两理相质，辨者先售。(《智囊全集》)

译文

智慧不能等同于言语，看似聪明机巧的言语往往不是智慧，喋喋不休的人必然会陷入困境，那些看似平庸的人反倒能成功，那么有智慧的人又何必有机巧的语言表达能力呢！固然是这样，但也有不同的看法。两个不同言辞的人交战，有理的一方必然会获胜；两种不同的道理发生冲突，则善于辩解的一方必然会获得先机。

解读

在古时候，人们就很重视言辞的表达，有时候一句话比朝廷的权威还要重要，一个说客的力量甚至可以强过十万人的军队。会说话的人左右逢源，如鱼得水；不会说话的人，处处受阻，寸步难行。在我们的生活中也是这样，有时候一句话可以化干戈为玉帛，却也可以变亲友为仇人；一句话可以功败垂成，更可以改变人一生的命运。

言语的表达是人与人传递思想、交流感情的最基本的方式，中国有句古话："听君一席话，胜读十年书。"的确，跟那些有知识，且具有口才的人交谈，比喝了醇酒更令人兴奋，比听交响乐更能振奋精神。良好的话语可以带给人愉悦和欢畅，帮助你增加知识和修养，激发你的创造力，也可以增进人们感情的融洽。

因此，在与人交往的时候，要注意言辞的表达、口才的运用。在我们与人交流的同时，还要多注意倾听，听别人说话也是为自己能说好话做准备，不至于自己说出一些没用的或者多余的话。

案例

烛之武退秦师

现代西方人认为“舌头、金钱、电脑”是当今世界中的三大战略武器，这其中的舌头其实就是口才的运用。古今中外，凡是历史发展的重要关头，凡是社会激烈变革之时，口才的特殊功能就越表现得突出。

春秋战国时期诸侯纷争，各个诸侯国之间都是以利益作为其相互之间交往的基础的，不同利益阵营之间的战争一触即发，但是很多时候也依靠“辞令”化干戈为玉帛，《左传》中的著名故事“烛之武退秦师”就是这其中的著名事例。

晋文公在秦穆公的帮助下当上了晋国国君以后，两国就订下了友好盟约，鲁僖公30年，秦晋两国联军准备进攻郑国，当时晋军驻扎在函陵，秦军驻扎在氾水。郑国的大夫佚之狐给郑国国君出主意说：“现在我们受到两个大国的围攻已经是形势十分危险了，如果派国中一个叫作烛之武的智者去和秦军谈判，一定可以让秦军撤退。”郑国国君就按照佚之狐的说法派烛之武前去秦军的军营。

烛之武在一个夜深人静的夜晚让人用绳子把他从城楼上系了下去，他孤身一人来到秦营见到了秦伯，说道：“秦晋两个大国来围攻郑国，我们知道我们必定不能生存了，但是如果灭掉郑国对秦国有好处的话，我也就不会来了。我之所以认为灭郑对您没有什么好处主要有以下几个原因。首先，我们郑国和秦国之间隔着一个晋国，倘若灭了我们郑国，就等于是用您的兵力帮助晋国扩大了自己的地盘，这无异于削弱了自己的力量；其次，如果您愿意放弃消灭我们郑国，我们一定会感激您，以后秦国再到我们东边的土地上来，我们一定能够随时供给你们的使者，这对您是没有什么坏处的啊！再次，您回头想想晋国原来做的事儿啊，当年您护送晋惠公成为其国君，他们不但不感激您，还为了防备秦国修筑防御工事，晋国一向贪得无厌，如果在东边占领了我们郑国，没准哪天又想往西边进攻呢，进攻西边就只能打您秦国啦。综合我上述说的三点，希望秦王您好好思考一下，是不是可以放弃攻打我们郑国呢？”

烛之武的话马上就打动了秦王，他派了几个大臣留下和郑国结盟，并且帮其戍守城邦，自己就率领着军队离开了。晋国见到秦军撤离，考虑到了种种因素也就撤军而去。在这次两个大国和一个小国的对抗中，郑国明显处于劣势，但是他们依靠烛之武的一己之力不但化险为夷，还攀附上了秦国这个大靠山。

由此可见“辞令”的惊人作用。现在社会中有很多时候可能会陷入困境，如果我们有“烛之武”的胆识和口才，想必化险为夷应当不是难事啊！

原文

理胜于辞，发无不中；华浮于实，终属游谭。故一言绝兴邦之机，片语有回天之力，岂与伤烦伤易者同日语哉！（《经世奇谋》）

译文

言谈中的道理胜于辞藻的，说出的话没有不中肯的；如果言辞只是虚夸不实，终究没有什么作用。所以有的一句话就可以决定一个国家的振兴，只言片语就可以扭转局势，这样的言语不是那些只讲究辞藻繁简的话可以同日而语的。

解读

一个人说话如果只讲究辞藻的华丽，只追求外表的漂亮，没有中肯的道理和真挚的感情，那么他说出的话也就只是一个空壳子，不具有什么效果，不能打动听者的心，有时甚至会弄巧成拙，让人觉得你是在哗众取宠，故意卖弄，从而引起别人的反感。

说话和做事一样，要讲究实在，不要只是一味使用华丽的辞藻来装饰自己，更不要哗众取宠。在说话的时候，每一句话都要明白易懂，不要故意用艰涩词语，别以为说话时用语艰深，就是自己有学问、有魄力的表现。要让别人赞同你，关键是自己在表达想法或观点时，要有理有据，简明扼要地把道理说清楚、明白，不要长篇大论、言之无物，这样才会让别人心服口服。

案例

平易近人的周总理

我们在与人交往的过程中不能只说好听的话，而不做实在的事儿，否则你说得再好听，用的词语再华丽也不会让人心悦诚服的。我们新中国的第一任总理周恩来一向是平易近人的，他从来不说假大空虚的话语，赢得了全世界人的尊重。

1935 年我党正处于艰难的长征时期，红军渡过草地以后在河口一带进行了党组织的整改，并且改选了各级的领导干部，其中几个领导所在的党小组也要选举出一个组长来，小组中的人一致同意由一名姓魏的年轻人担任小组长，可是小魏同志看到自己的小组都是领导干部就有了畏难情绪，他说："咱们这里有中央副主席，有参谋长，我一个年轻党员怎么能够做这些人的组长呢？"周恩来同志说道："我们党是民主的，既然大家都选你做组长，那是因为我们都信任你，在党小组内你就是我们的领导，有什么事情我们群力群策嘛！"小魏当了党小组长以后将"保证一个不掉队"作为今后这段工作的重点，果然这个党小组中的所有成员在长征中没有一个落下的，最后都胜利地抵达陕北。

有一天，周恩来问小魏为何不开党小组会，小魏回答说："我们已经开过了，但是见到领导您工作太忙了，所以没有通知您参加。"周恩来听后很生气，说道："我是一名党员，也是一名普通的党员，不能不参加我们组织的活动啊！以后可不能这样了啊！"

新中国成立以后，周总理更是关心民间疾苦，从来没有说过一句面子上的话，他无论做什么事情都是身先士卒的。1962 年，周总理到东北的大庆油田视察，当时刚好是我国异常艰难的三年困难时期，他亲自走到工人们住的地方，那里非常简陋，冬天基本上是不能躲避狂风的，紧接着他又参观了被服厂，发现那里的工作服里子都是用一百多块不同的碎布拼起来的，周总理深感对不住人民群众。然后，他到食堂去视察，看到食堂里做的饭，亲口尝了锅里的饭汤，知道工人们吃的都是高粱粥，周总理不无关切地动情说道："你们的生活真的很艰苦啊！"然后他就鼓励大家："我们在毛主席的领导下，艰苦奋斗，自力更生，将来一定会好起来的！"这些话淳朴真实，没有什么华丽的辞藻，但是却深深温暖着工人们的心。

的确如此，再美丽的语言也抵不上真正的实干，周总理如此行为真是为后人树立了一个楷模啊！

原文

然慈主可以情动，明主当以理格。(《智囊全集》)

译文

然而，对于比较仁慈的君主，臣子进谏可以用感情来打动他；对于比较明白事理的君主，臣子进谏可以用道理来说服他。

解读

古代的言官在进言献策的时候都很懂得察言观色，所谓“出门看天色，进门看脸色”，有的放矢，对症下药才能矢放中的，药到病除。韩非子也认为：“说服的要领，乃在于知其心中引以为荣的事而加以夸饰，知其心中引以为耻的事使其忘怀。”进谏者面对的都是高高在上的君主，所谓天威不可犯，稍不注意，都有可能引来杀身之祸，所以他们都明白对什么人讲什么话，什么是该说的什么又是不该说的。

在生活中，与人交谈也要善于察言观色，尽可能了解听者的心理，这样你才会懂得在什么场合该讲什么，不该讲什么，哪些话能够打动听者的心，与听者产生共鸣。如果说话不注意，触犯了别人，将会造成尴尬失态的局面，有时还会因一言不慎招来祸患。人受谏，则圣；木受绳，则直；金受砺，则利。向领导进言，一定要善于察言观色，寻找最佳的时机。

案例

右司马巧谏楚庄王

历史上的国君很少有人爱听实话真话，因为说实话真话的人往往不顾及其天子的威严，容易拂了他们的面子，所以那些文官总是秉承着“文官敢直谏，武官敢战死”的信条，可是一旦你掌握了一定的说话技巧，抓住了必要的说话时机，那么你的建议君王还是能够纳谏从流的，比方说春秋时期楚庄王的手下就有这样一个人。

楚庄王是春秋五霸之一，他继位的时候为了观察整个国家的情况，同时也为了让其他国家的国君放松对他的警惕，自从继位以来，基本上就没有做过一件正事儿。楚庄王任职都一千多天了，还没有发布过任何一项政令，他每天不是四处游玩就是出宫打猎，不是在后宫里吃喝玩乐就是看戏听曲，他还发布了一道不近人情的命令：“谁要是敢进谏寡人，就直接判其死罪。”当时朝中的文武百官都为有这样的国君而神伤，也都为自己的国家前途担忧不已。

楚国是南方的大国，和北方诸侯国的臣子设置不一样，他们国家管理军政的是右司马，当时的右司马是一个忠心之臣，他看到天下争霸的形式，希望楚庄王能够有所作为，可是又不能直接给君王提意见，这样不但自己性命不保，也不能让国君清醒过来。直到有一天，他看到楚庄王正在后宫里玩儿猜谜语的游戏，国君很是喜爱，他就想到了一个谜语，希望能够在做游戏的欢快气氛中提点到国君。

第二天上朝，楚庄王面对满朝文武依然是以沉默相对，右司马站在旁边，当国君说退朝的时候，他说：“昨日见到大王猜谜，臣这里有一个谜语希望大王能够指点我答案。”楚庄王一听猜谜兴致很高，就让右司马说出来听听。右司马慢条斯理地说：“我在南方的时候见过一只鸟，这只鸟落在一个山岗上三年，也不展开翅膀飞翔，也不张开嘴巴鸣叫，您知道这只鸟叫什么吗？”

楚庄王并不糊涂，他听出了右司马的弦外之音，就对答道：“这鸟三年不飞翔，那是因为羽翼还不丰满，三年也不鸣叫那是因为在看世间的现象，这样的鸟儿不飞则已，一飞冲天；不鸣则已，一鸣惊人。你们都下去吧，这个意思我知道了。”楚庄王从右司马的话中看出了文武百官富国强兵的迫切希望，所以自己亲理朝政，整顿朝纲，一下子就起用了几名有才干的人，处死了一些贪赃枉法的奸佞之徒，行新法，废酷刑，楚国一下子就强大了起来。后来，楚国打败了之前的大国齐和晋，楚庄王成为了春秋五霸之一。

楚庄王虽然故意隐藏自己的实力，但是如果右司马没有机智的进谏方式，楚庄王也不知道何时才会一鸣惊人呢，由此可见具有一定的表达技巧是多么重要啊！

原文

唯口有枢，智则善转。孟不云乎：言近指远。组以精神，出之密微。不烦寸铁，谈笑解围。(《智囊全集》)

译文

嘴里面的舌头，需要通过智慧才能发表灵活的言论。孟子不是说过“浅近的话语，含义往往却很深远”的话吗？用心组织运用，注意细微的变化，不需要借助武力，就能在谈笑间化解危机。

解读

古时候，人们将那些善于说话的人的舌头比作灵活的门枢。他们能灵活地表达自己的观点和看法，并不只是他们有一条灵活的舌头，更重要的是他们懂得如何运用自己的智慧去驾驭自己的语言，即使只是一些浅显的话，但表达出来的意味却很深远。“言不在多，达意则灵。”要语不烦，字字珠玑，简练有力，能使人不减兴味；冗词赘语，语绪唠叨，不得要领，必令人生厌。善于说话的人，他们的语言都是简洁明了，直接切中要害。语言的精髓，在精而不在多。有的人喋喋不休地说了一大堆，没有个主旨，自以为口才还不错。实际上他的长篇大论可能还抵不上别人一句有根有据的话所发挥的作用。要想将自己的话说得高效，就必须让自己的语言简练，能在最短的时间内让对方明白你说的意思，了解和接受你的想法。所以，会说话的人往往都是语言简明扼要，浅显易懂，道理深远、耐人寻味的。

案例

李斯谏逐客书

人与人的交往中，我们经常运用的是语言文字这个工具，语言运用得当，表达言简意赅，具有条理性就容易让别人接受自己的意见，历史上有很多这样的有名人物，他们通过自己的文章打动了君王，使得自己的政治主张得以实现。

战国末年，秦国的势力日益强大，当时秦王设定了一个吞并天下的政策，他确定的第一个消灭的国家是韩国。韩国为了避免自己首先被灭，就派了间谍到秦国鼓动秦王修建水利工程，以便耗费秦国的人力、物力和财力，后来这个计策败露了，嬴政很生气，就下令将秦国境内所有的“客”都驱逐出境。当时，李斯也在被驱逐之列，他奋笔疾书写出了文学史上著名的论证文《谏逐客书》，他在文中这样写道：

春秋时期秦穆公寻求天下有才能的人来秦，由余从西戎而来，百里奚从大宛而来，蹇叔从宋国而来，丕豹、公孙支两人由晋国而来，五个人，可是他们没有一个生长在秦国，秦穆公却任用他们，吞并了西方的小国有二十多个，于是才能称霸西方。秦昭襄王从别的国家得到了范雎，在其帮助下安内攘外，加强了自己的权力，为秦国成就大业奠定了基础。秦孝公任用商鞅施行变法，使得我们旧的风俗得到了改变，老百姓们过上了幸福的生活，国力因此强盛，周围各国都来朝拜。到了秦惠文王的时候，他采纳了纵横家张仪的计谋，折散了其他六国的合纵联盟，这伟大的功绩延续到了今天。这四位君主能够有这么大的成就，不就是因为用了来自各地的能人贤者吗？他们哪一位因为任用的人不出生于秦国、不生长于秦国就将其驱逐出境呢？

现在陛下您的宫中有昆山的美玉，有美丽的宝珠，有太阿宝剑，有名贵的宝马，有用翠凤羽毛作为装饰的旗子，有蒙着灵鼍皮的好鼓，您想一想这些宝物有哪一样是秦国土生土长的呢？如果说只有我们本地出产的东西才能够在秦宫中使用，那么我们的宫内就不会有夜明珠、象牙、犀角这些宝物了；我们后宫之中也就不会有来自天下各地的美女了；我们的战马就不会有北方的名骥了……众所周知，秦国的本土音乐是敲击着瓦器大声歌唱的，可是您为什么喜欢郑国、卫国之地的所谓“靡靡之音”呢？如果现在您要将所有的非秦国的卿客都赶出去，那么大家都会认为陛下您只喜欢珠宝声色，而不重视人才啊！这样的话，哪个有才干的人还能来到秦国呢？这样的话，陛下您如何成就自己的功绩呢？

李斯的文章字字珠玑，掷地有声，在举例说明的同时句句反问，可谓是声情并茂，感人至深。秦王看到李斯的《谏逐客书》后深觉自己所做不对，立刻派人将那些正在途中的宾客都请了回来。由此可见，关键时刻巧妙地运用语言是多么重要啊！

原文

说得道理透彻，利害分明，不觉气平而心顺矣。(《智囊全集》)

译文

把道理讲得透彻，将利害分析得清楚明白，别人听了才会觉得心平气和而乐于接受。

解读

说话总是为了表达某个意思，而有时说话不得体，却是酿成种种不快事件的根源。因此我们有必要使我们说话的方法走上正确的轨道，也就是要言之成理。

那些怀有私心的人，他们看上去不可一世，实际上是色厉内荏，内心空虚。如果你对他们过分容忍、退让、迁就，反而会助长其嚣张气势，不仅于事无补，反而会使之得寸进尺。如果你敢于碰硬，言之成理，那些人自会退避三舍。

遇到这类情况，要格外地沉着冷静，过分地紧张会影响自己的情绪和口语的正常表达，要培养自己处变不惊、临危不惧的大将风度。要在精神上压倒对方，就要善于分析其中的利害关系，找准机会攻其弱点，态度要坚决果断，语气要斩钉截铁，给对方一种震慑。这样，自己就能反客为主，掌握主动权，从而成功突围。

案例

晏子使楚

在与人谈判的过程中，掌握了语言主动权的一方也经常掌握谈判的主动权，有的时候面对着不可一世的人，大家不要被对方的气势吓倒，我们应当处事不惊沉着冷静，从对方的语言中寻找破绽以反败为胜。

春秋时期齐国人才辈出，前期有管仲辅助小白称霸，后期有大夫晏子辅佐齐景公，这位晏子就是一位杰出的外交家。晏子也叫晏婴，经历了齐灵公、齐庄公和齐景公三代，可谓是三朝元老，他虽然身材矮小长得不高，但却有着超乎常人的政治才能和外交才干，历史上著名的晏子使楚的故事正体现了他这一点。

晏子作为使者到达了楚国，楚王早就听说晏子长得矮小，所以就派人在宫门的旁边另外凿出了一个只有五尺高的小洞，想让晏子从这个小洞钻进去。晏子说道："只有出使狗国的人才从狗洞进去，我出使来到楚国怎么能从这个洞进去呢？"楚国人见状立刻请晏子从大门进了王宫。

晏子见到楚王行了君臣之礼，楚王傲慢地说："你们齐国都没有别人了吗？怎么让你这么一个小矮子来我们这儿呢？"晏子回答道："我齐国乃大国，仅仅首都临淄就有七千多户人家，人口众多，全城的人们把衣服袖子展开都能遮云蔽日了，怎么能说我们齐国没有人呢？我王之所以派我出使齐国，是因为我们派遣使者有一个不成文的规定，一般水平高的人就去见水平高的国君，像我是国内最无能的臣子了，所以只能被派到楚国来了。"楚王碰了一鼻子灰还是不甘心，就将事先和大臣商量好的羞辱晏子的方法用了出来。

只见两个士兵押着一个人从楚王面前走过，楚王煞有介事地问："这个人怎么回事儿啊？"士兵回答道："大王，这是齐国人，他犯了偷窃罪。"楚王转头问晏子："怎么你们齐国人都善于偷盗吗？"晏子没有丝毫迟疑回答道："我听说橘子长在南方的时候就能结出甘甜可口的果子，但是让它到了北方却结不出那样的果实了，这是因为水土不同所以才养育出不同的品种啊！我们齐国人在国内过得好好的，一来到楚国就变成了盗贼，莫非是受到贵国风气的影响吗？"

晏子出使楚国的时候，面对处心积虑的楚王，他临危不惧，计策多出，一下就使得对方的诡计落空了，这样的机智实在是让人佩服啊！

原文

晏子之谏，多讽而少直，殆滑稽之祖也。其他使荆、使吴、使楚事，亦皆以游戏胜之。觉他人讲道理者，方而难入。(《智囊全集》)

译文

晏子劝谏君王的时候，多半是用讽喻的形式，很少说直白的话，他可算是滑稽一派的开山祖师了。后来晏子也出使楚国和吴国，他也都是在谈笑间占据上风，有时正正经经地和对方讲道理的人，反而很难让对方接受。

解读

晏子算是讽喻说话的鼻祖了，每每在危机之中，他都可以巧用自己的幽默和机智，以子之矛攻子之盾，不仅将危机一一化解，而且还维护了自己国家的尊严，这不仅是一种幽默，更是一种智慧。机智和幽默是你人生的两大财富，人们在与人交往的时候，难免会遇到一些尴尬的局面，或者一些别有用心者的故意刁难，如果你稍有不慎或处理不当，都有可能落人口实，甚至成为他人加害自己的把柄。面对这些情况，就需要你运用机智的应变能力和幽默的语言来为自己化解危机。

案例

智圣东方朔

人生在世会遇到很多危急的时刻，如何随机应变化解危机是我们每个人都要学会的技能。古人常说“伴君如伴虎”，古代的臣子在君王面前经常战战兢兢，可是也有很多人运用自己的智慧施展了自己的政治抱负，汉武帝时的东方朔就是其中的杰出代表。

汉武帝刚刚即位意欲有一番作为，所以发布诏书广招天下人才，东方朔写了三千片竹简的内容自荐，当时两个大汉将这些内容抬到宫中，皇上用了两个月的时间才看完。看完之后，武帝被东方朔的语言打动，十分欣赏他的气概，所以命他在公车署中等待召见。东方朔在公车署待了很长时间都没有见到过皇帝，于是自己想了一个办法见皇上。

有一天，东方朔到马厩对养马的侏儒说：“皇上说你们这些人是最没用的，因为你们不能种地从事农业生产，也不能打仗保家卫国，更没有治国平天下的才华，所以准备杀掉大家，你们赶紧去皇上那儿求情去吧！”就这样通过侏儒们的口，汉武帝召来了东方朔。东方朔十分风趣地回答说：“我出此下策也是迫不得已的啊，侏儒们身高才三尺，而我身高九尺，可是大家挣钱一样多，这不是要撑死那些小家伙饿死我这大丈夫吗？要是皇上不准备重用我，那就让我回家去吧，总不能白白浪费国家的粮食啊！”皇上听后觉得有趣，不但没有怪罪东方朔吓唬养马的人，还给他升官加爵了。

汉武帝后期为了追求长生不老，就派人去寻找所谓的仙丹妙药。一个方士给汉武帝贡献了一坛子酒，说是海外仙人所赐，他对武帝说：“喝了这坛子酒，您就真正地能够长生不老了！”汉武帝听后非常开心，准备将酒珍藏起来慢慢饮用。东方朔也不知道从哪儿听说了这件事，就找了个机会偷偷地喝掉了这坛子酒，皇上知道东方朔的这种做法以后非常生气，派人绑了东方朔，判定斩立决。面对这种情景，东方朔却毫不在意居然哈哈大笑。汉武帝很是惊奇，问道：“你马上就要被斩首了，为什么还如此开心呢？”东方朔回答道：“那个方士不是说喝了这坛子酒就能永远不死了吗？为什么我喝了以后很快就面临死亡呢？这说明那个方士是骗人的啊！”皇上听了以后觉得东方朔说得机智有理就没有再追究。

可以说，东方朔在我们国家的历史中堪称智慧的化身，他用自己的才华毛遂自荐，用自己的智慧劝慰皇上，用自己的能力玩弄权臣，在当时那种社会环境中可谓是风生水起，成就了潇洒的人生。我们从东方朔的身上要看到其才华横溢的一方面，要学会他在危急时刻化险为夷的能力和智慧。

原文

富郑公与契丹主往复再四，句句占上风，而语气又和婉，使人可听。此说辞之最善也。(《智囊全集》)

译文

富弼与契丹主先后面谈四次，句句话都占上风，但他的语气温和、态度委婉，让人能够听得进去。富弼的这番说辞，是出任使臣谈话最高的境界。

解读

使臣出使他国的关键是说话做事要不卑不亢，如果高傲了就容易引发祸端，自卑了就会给国家带来祸害。富弼出使契丹时，宋朝西部的边境不安定，一定不能再挑动北方的契丹与自己为敌。所以富弼的处境是相当困难的，但他回答契丹君主的话，不卑不亢，软中带硬，最后以柔克刚，可以说是不辱君命了。

真正善于说话的人也善于隐藏自己的锋芒，善于运用一种外圆内方、绵里藏针的说话技巧。面对他人居心不良的恶意攻击，他们既能够做到“泰山崩于前而色不变”，又能用绵里藏针的语言反戈一击，让敌人的攻击无处着力，令对手自讨苦吃，使其有所顾忌，并且知难而退。这样有内涵的善言者也才能真正令他人信服。

案例

唐雎不辱使命

在我们身边不乏好言者，这些人中有一些属于那种唠唠叨叨说半天，让人听不进去的类型，还有的人属于三言两语就直中要害，一下就能说到点子上的类型，所以做好言者，不如做一位善言者啊！

战国末年，秦王大有吞并天下之势，他派人出使一个十分小的国家——安陵国，对其国君说："我们大王想要用方圆五百里的大块土地来交换您安陵国这区区五十里地，安陵君你一定要答应我们大王的要求啊！"安陵君不卑不亢地回答道："秦王要用比我们国家大十倍的地方来交换我们的国家领地，这是大王的恩惠啊！但是，我们安陵国现在的封地确实是我从祖宗那里继承来的封地，我宁愿誓死守护也不敢与他人交换！"秦王因为这件事情很不高兴，危急之中，唐雎被派出使秦国。

秦王见了唐雎说："我好心好意地拿大块土地去和安陵国君交换，他却不识抬举，要知道我们现在已经灭了韩国、魏国这些比他大得多的国家，我现在念在他是一名忠厚的长者的分儿上才好言相劝，难道是故意违背我的意思吗？"唐雎对答说："不是这样的啊！安陵君从自己的先王那里接收了这些地方，别说是五百里地，就是一千里地也不可能换的。"秦王勃然大怒问道："你听说过天子发怒是什么样的吗？我一旦出兵，那么将会遍地横尸，血流成河！"唐雎对答："那国君您听说过贫民发怒吗？"秦王说："一般老百姓生气的时候不过是光着脚丫子，披散着头发往地上撞罢了！"

唐雎笑道："您说的是一般的老百姓啊！您应该知道专诸刺吴王、聂政刺韩傀和要离刺庆忌的事情吧，这三个人都非普通百姓，他们虽然刺杀失败，但是上天出现了彗星、白光和苍鹰等现象，这是老天帮助他们宣泄心中的怒火啊！有才能的百姓要是发怒，往往也不过是尸体两具，可是天下老百姓都要为亡君穿孝衣了。我想我就是这第四个百姓吧！"秦王听言脸色都变了，他向唐雎道歉说："我现在总算明白安陵国为何仅仅依仗五十里领土就能生存至今了啊！"

唐雎在此次与强秦的对峙之中，语言上直中要害使得秦王毫无还口之力，这是典型的"泰山崩于前而色不变"啊！

原文

侨童有辞，郑国赖焉；聊城一矢，名高鲁连；排难解纷，辩哉仙仙；百尔君子，毋易繇言。(《智囊全集》)

译文

子产靠口舌折服了晋楚，使郑国得以免祸数十年；鲁仲连用一封绑在箭上的信，就说服了燕军退兵。历史上有无数危难，都是在智者的辩才下消于无形的。诸位君子不要轻视语言的作用。

解读

子产执政期间，弱小的郑国处在晋楚两强国之间，子产利用晋楚两国争霸的野心，充分施展自己的外交才华，妥为周旋，卑亢得宜，进退得体，终于保全了郑国。鲁仲连面对难以攻克的顽敌，既善于分析形势，以时局胁迫燕将就范，又善于激发男人心灵深处的英雄豪情和凌云壮志，以高尚的事物打动燕将。他充分调动了人的情感，晓之以理、动之以情，终于说服了他人。

子产和鲁仲连的成功游说都在于他们能跳出厄运这张“网”，透过这张“网”看清人与人之间相互制约的关系，从而抓住并利用，使自己立于不败之地。其实每个人都生活在社会这张巨大的“网”中，自己既是“网”中的一只眼，同时又被深深困在这张无形的“网”中。平庸的人常常会感到身不由己，从而陷入左右为难、进退维谷的窘境，只好得过且过、自生自灭；而聪明的人则不会被厄运吓倒，他们会高瞻远瞩，洞察一切，最终将敌人困于“网”中，而自己则跳出“网”外，得到解脱。

案例

周总理巧言解困

在不同的历史条件下我们经常会碰到不同的挑战，若风生水起之时，大家固然开心，可是在进退两难的时候如何才能高瞻远瞩，绝地反击呢？我们来看看周总理是怎么做的吧！

1954年我国刚刚建国没有多久，周恩来就去参加了日内瓦会议，当时他通知工作人员要为大家播放一部越剧的片子《梁山伯与祝英台》，工作人员为了帮助外国人欣赏中国传统戏剧，就将该片从头到尾介绍了一下，洋洋洒洒地写了十五页的内容交给总理审阅，周总理看到那么多的字就批评工作人员：“你们这样的介绍是不看对象，无异于对牛弹琴。”工作人员不服气，嘟囔了一句：“让老外看中国戏曲片才是对牛弹琴呢！”周总理说：“我给你修改一下，你看看到底怎么让外国人看这部片子吧！”原来，周总理让工作人员在请柬中写明是请对方看一台中国歌剧版的《罗密欧与朱丽叶》，这些外国人就明白电影的主要内容了。事实证明那次播放戏曲电影的效果极佳，剧院里不时传出观众们的阵阵掌声。周总理将外国人的文化与中国的故事良好地结合在了一起，真是绝妙啊！

1971年，基辛格博士为了恢复中美的外交关系曾经秘密访问中国，在正式的谈判之前，基辛格忽然向周总理提了一个当时看来极其无理的要求：“尊敬的总理，听说你们国家发现了马王堆汉墓，这一发现可谓是震惊全球，那里边出土的女尸可是盖世珍宝啊，我们国家的科学家想用一种世界上从来没有的东西来交换马王堆女尸身边的木炭，不知道贵国能否实现我国科学家们的愿望啊？”周总理问道：“不知道贵国用什么东西交换呢？”基辛格说：“用的是我们登月时宇航员带回来的月球上的泥土。”周总理听后哈哈大笑：“我道贵国用什么跟我们来交换呢？原来用的是我们祖宗脚下的东西啊！”周总理顺手指了一下茶几上的牙雕——嫦娥奔月，说道：“早在五千多年前，我们的嫦娥姑娘就已经飞上了月亮，住进广寒宫了，您是一位中国通，怎么会不知道这件事情呢？”周总理这个机智幽默的回答既没有直接拒绝对方，保持了双方的友好关系，又保存了我们的国宝。

由此可见，在不同的历史环境中和文化背景中运用适合的方法策略是非常有助于双方交流的，我们是不是从周总理的巧言之中学习了些什么呢?

原文

“谈言微中，足以解纷”，“言之无文，行之不远”。君子一言以为智，一言以为不智，智泽于内，言溢于外。《诗》曰：“惟其有之，是以似之。”此之谓也。(《智囊全集》)

译文

说话如果能切中要害，就可以排难解纷；但缺少文采的语言，难以广泛流传。一句话就可以看出一个人的智慧。只有内在修养充分的人，才能说出精妙的言语。《诗经》说：“惟其有之，是以似之。”说的就是这个意思。

解读

说话、演讲的能力已成为现代人必须具备的重要能力，更是创造型、开拓型人才的必备素质。

但是，有些人却认为，不论有无口才，只要自己有其他才干，同样可以达到成功。可是，才干被人认识，需要一个过程，特别是双方接触时间不长，相互还不了解的情况下，怎样才能向对方显示自己的能力呢？这就必须借助于口才了。

孔子说过，一个人说一句话可以表现出他的聪明，但也可以表现出他的愚蠢。他说，君子对于自己说的话，是从来不马马虎虎对待的。经常说有益有用的话，人就变为万物之灵；而经常说无用有害的话，人就变成万物之怪。口才能力的提高就是要使人能够接近万物之灵，而远离万物之怪，走向高层次的文明。所以，我们作为现代文明社会的一分子，是非常有必要重视和训练口才的。

案例

解缙巧答辩

在与他人进行交际的时候，情形往往不会是单一性的，所以表达者应当能够根据自己所处的特定环境灵活地选择不同的表达方式，只有具有高度灵活性的交流才能够创造出良好的效果。明朝前期的一位有名的大才子解缙就是这样的一个人。

解缙一生中对历史最大的贡献就是主持编纂了《永乐大典》，他召集了全国的各种高水平专家几千多人经过整整六年的时间终于完成了我国历史上第一部百科全书的初稿，后来又经过几次大规模的修改我们才看到了今天的《永乐大典》，这部书同时也是世界上第一部最大的百科全书。因为该书的地位极其高，而解缙在其中居功至伟，所以人民评价说解缙是“太平十策纾民意，永乐大典慧斯文”。

解缙不但才华横溢，而且机智幽默，经常能够四两拨千斤地为皇上分忧解难，在历史上留下了佳话。朱棣为朱元璋的第四子，后来通过“靖难之役”从自己的侄子手中夺取了皇位才当上了皇上。当时朱棣在立太子的事情上犹豫不决，恰巧解缙入宫觐见，朱棣就问解缙关于此事的看法。解缙说：“一般王朝历来都是立长子为太子的，现在皇长子仁义孝顺，如果换其他人为太子，天下又要有争端了。”上边说过朱棣的出身，他听了解缙的话心中不太高兴。就在此时，太监送来一幅叫作《彪虎图》的画，只见画上一只白额老虎英姿飒爽，回首望着身后幼虎，两只老虎之间的神情亲昵，解缙马上应景作诗：

虎为百兽尊，谁敢触其怒？惟有父子情，一步一回顾。

朱棣听到解缙的诗，立刻领悟到解缙的良苦用心，他受到此事的启示就立了长子为太子，是为明仁宗。

除此以外，民间还流传着很多解缙的故事。传说有一天朱棣对解缙说：“昨天晚上宫中出了一件喜事，你就此写一首诗吧！”解缙知道此事应当说的是皇后临盆，故曰：“君王昨夜降金龙”，皇上说：“生的女孩儿！”解缙接着说："化作嫦娥下九重"，皇上又说："刚出生就死掉了。"解缙接道："料是人间留不住"，皇上紧接着说："已经扔到后花园池塘了！"解缙直接说了句："翻身跳入水晶宫。"

且不论此事是真是假，但是解缙的应付自如给我们留下了深刻的印象。解缙之所以能够在关键时刻出口成章并不是凭空而来的，大家有理由相信解缙是通过大量的学习，从学识的积累中形成了如此口才的！

敏悟卷

第三

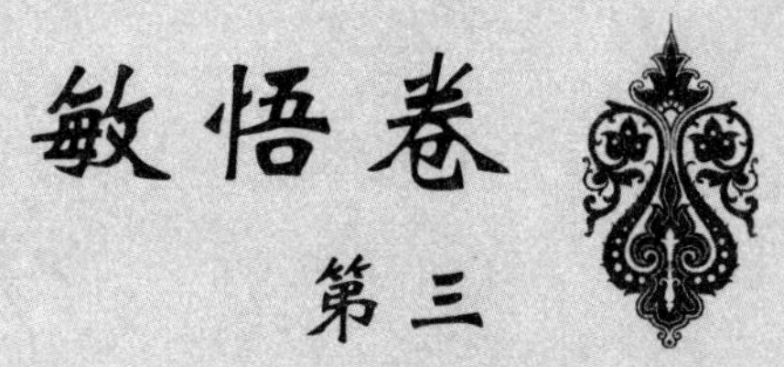

原文

智无常局，以恰肖其局者为上。故愚夫或现其一得，而晓人反失诸千虑。（《智囊全集》）

译文

智谋的运用并没有一套固定不变的原则可以遵循，以恰好与事实相符合为最好。所以有时愚笨的人也会想出一个好的主意，而聪明的人却往往因为考虑得太多做出了错误的判断。

解读

人一旦形成了某种认知，就会习惯地顺着这样的原则去思考问题，习惯性地按老办法想当然地处理问题，这是很多人的一种愚顽的“难治之症”。

而实际上，智谋的运用是没有固定不变的规律的，只要与事实相符合的就是好的，如果总是按照以前既定的原则去思考，也许根本就找不到出口，反而是悖离了解决事实的初衷。

所谓“智者千虑，必有一失”，不管多聪明的人，遇事考虑得太多，也有出现错误的时候，而那些我们平时看起来愚笨的人偶尔也会想出一个很好的主意。其实有时候，创新就来自于我们最直接最简单的想法，不要忽略自己不经意的发现，这可能就是你创新的源泉。另外也要注意反转自己的大脑，避免自己陷入一种思维定式之中而无可自拔。

案例

赵武灵王胡服骑射

当今社会我们很重视创新的力量，一般来讲知识、智力因素和非智力因素几个部分构成了创新能力，这里边的非智力因素是非常重要的，大家要有一定的创造意识和创造行动力，只有这样才能不墨守成规，才能在新的环境中让自己脱颖而出。

战国时期，赵国当时处于北方，因为军事相对薄弱，所以南边经常受到几个国家的欺负，北面又经常受到游牧民族的骚扰，就连旁边的一个很小的国家中山国也时不时地派军队来进犯。赵武灵王即位以后，立志要富国强兵，他的政治主张是从胡服骑射开始的。

刚开始的时候，赵武灵王胡服骑射的观点在朝中受到很多大臣的反对，连自己的亲叔叔公子成都不赞成，赵武灵王派人去劝说："自古以来，我们都是家里的事情听父母的，国家的事情听国君的，现在大王让换上胡人的衣服，你为什么不听令呢？处理政事一定要公正，如果您不穿，我都担心天下百姓说我徇私枉法，一般来讲我们推行法令的时候都要从贵族子弟开始，只有这样才能让政策执行下去啊。"公子成对答："人家都说中原地区的人们深受礼仪教化，所以与北方那些游牧民族不一样，我也听说人们都应该是学习先进礼仪的，没听说学那些落后地区的礼仪的。现在大王让我们穿胡人的衣服不但是向落后地区学习不合常理，而且还抛弃了祖宗留下来的制度，恕难从命。而这样违背历史发展的政策，我希望大王还是再考虑考虑吧！"

听了王叔的回答，赵武灵王亲自到公子成的府上去解释，他说："王叔，现在天下的形式非常明了，咱们赵国的东边有强大的齐国，还有一个总来闹事的中山国，北边有燕国和胡人的政权，西边呢又是虎视眈眈的韩国、秦国，整个国家都处于其他诸侯国的虎视眈眈之中，可谓危险极了。要是咱们不培养一些能够骑射的骑兵，一定不太好保护自己的国家啊！而之前咱们又受到燕国的侵犯，要是想报这一箭之仇就必须有强大的军队，我思来想去，只有穿上简单的胡服，学习骑术才有利于战争啊！叔叔您以为应遵从所谓的中原习俗，但是这和我国的形式并不相符，我现在要求大家胡服骑射是为了增强国家的力量啊！"公子成一听之下才知道自己的目光短浅，欣然接受了赵武灵王的新政策。

经过赵武灵王的政治改革，赵国的军事力量的确得到了发展，他们先是灭了中山国，又打败了北方各少数民族，修筑了长城，紧接着向南而去，成为了战国时期仅次于秦、齐的强大国家。如果赵武灵王还固守着前人的理念，不励精图治改革现状，那么怎么会让自己变得强大呢？由此可见在不同的环境中进行创新是多么重要啊！

原文

一操一纵，度越意表。寻常所惊，豪杰所了。（《智囊全集》）

译文

是控制还是放纵，结局往往是超出常人的意料之外的。一般人都会感到惊奇不已的事情，而豪杰之士却能了然于胸、心领神会。

解读

处理事情因为细节不同或者方式方法不同，结局都可能会大大出乎我们的意料。聪明的人往往懂得从小处着眼办事，注重事物的细节，从而把握事物的发展方向。所以当事变发生，一般人还都在惊讶不已之时，他们对于一切早已了然于胸。

对于人情世故也是一样，真正圣明的人能通晓人情，从而使别人的长处都能充分发挥出来。对于别人的一点小过失，他们能容忍；对于自己的仇敌，他们可以原谅。所以一旦他们陷入困境的时候，那些他们帮助过的人必然以自己的一技之长来报答他，那些他们原谅过的仇敌，也必将以死相报，因为他们的报答之情激荡在胸中，他们的长处一旦遇到合适的时机便会充分发挥，也必将全力以赴。

案例

将相和

俗话说“大人有大量”“宰相肚里能撑船”，这里的大人、宰相并不是实在的指称，他们更多说的是那些圣贤之人。

战国时期的秦国实力日益强盛，他们经常恃强凌弱，尤其是在其东边的赵国更是经常受其骚扰。有一回，秦王听说一个叫卞和的人贡献了美玉给赵王，秦王觊觎此块美玉很久了，于是派使者去赵国向其索要，赵国国君既不想给秦王和氏璧，也不敢得罪秦王，于是就听从缪贤的意见派蔺相如到秦国去交涉。蔺相如在秦国凭借自己的机智勇敢，不但力保和氏璧不失，还为赵国增光添彩，赵王很是开心，封蔺相如为“上卿”。

当时，赵国的大将军是历史上大名鼎鼎的战将廉颇，他觉得出生入死才得到了现在的位置，而蔺相如就在秦王面前随便说了说话在朝廷中的地位就高过了自己，所以很是不快，并决定要当面给蔺相如难堪。

廉颇的这些话很快就传到了蔺相如的耳朵里，蔺相如不但不生气反而吩咐自己门下的人说：“以后大家见了廉颇大将军以及其家人都要躲着点儿，谁也不要和对方发生任何争执。”不但如此蔺相如本人出门的时候如果听说廉颇就在前边，他也会让手下把轿子抬走躲着廉颇。廉颇的门下因此很是得意，逢人便讲说蔺相如害怕廉颇，蔺相如的手下不服，纷纷跑去问自己的主人是否真的怕了大将军。

蔺相如听了手下的说法反问他们：“你们说大将军廉颇和秦王谁更让人害怕呢？”大家都选择秦王，蔺相如就为大家解释道：“大家都说秦王厉害，我连秦王都不怕，自然是不怕大将军的。现在我们赵国人民安居乐业，生活稳定，秦国也不来进攻，主要是因为我国的大臣们都是一条心啊，如果我们内部闹了意见，秦国一定会出兵进攻我国的，国家兴亡和个人颜面到底哪个更重要啊？”蔺相如的话不知怎的又传到了廉颇的耳中，廉颇很是羞愧，认为自己的胸怀气度以及见识都赶不上蔺相如，就自己脱了上衣，背上绑着荆条亲自到蔺相如家里请罪，而蔺相如是从来没有怨恨过廉颇的，何谈原谅呢？

这里我们可以看出蔺相如可谓是大人物，他的气度不是一般人所能比的，也正因为他的这种忍让使得一个国家的文武官员融洽相处，赵国也因此得福，由此可见“以德报怨”是多么高尚的品格啊！

原文

今世密于防奸而疏于求贤，故临事遂有乏才之叹。(《智囊全集》)

译文

当今世上，人们对于防范小人做了很多精密的措施，但对于招揽有贤能的人却做得很疏忽。所以一旦遇到事情，就会有缺乏人才的感慨。

解读

汉武帝时期的公孙弘为人外表宽厚，对人友善，实际上内在深沉，凡是与他不和的人，事后他都会想办法报复，内心实在险恶。而就是这样的一个人，却十分重视人才，他开设东阁，聘请学者，还经常把自己的收入分发给宾客。公孙弘后来深受武帝喜爱，仕途畅达，官至宰相，也是跟他招贤纳士、笼络人才分不开的。

古时一个德行有缺的人都能意识到招揽有贤能的人为我所用，那么在今天，面对社会上各行各业越来越激烈的竞争，一个企业，一个有能力的领导者更应该有意识地去辨识有才能的人，重用有才能的人。

孔子说过“君子不器”，这句话的意思就是“为政者不是道具，而应该是用道具的人”。领导人的艺术千姿百态，不一而足。而知人善任，可以说是其中的“拳头产品”，它既是一种艺术，又是一种高智商行为。领导者为了做好方方面面的工作，在全局上实现自己的抱负，就需要一批得力的助手为之冲锋。知人善任的领导者才能无往而不胜，无为而不成。

案例

祁黄羊内举不避亲

身为领导人必须有知人善用的能力，在任用人的时候主要根据此人的能力，而不要将自己的主观喜好置于其中，只有明察秋毫以成就真正的大事为自己的最终目标才能保证任命他人的时候不盲目。

晋平公的时候，晋国属地南阳缺少一个主管当地事务的官员，也就是后世的县令之类的官员，当时平公询问自己手下的大夫祁黄羊谁可以担任这个职务，祁黄羊淡然地回答国君说："我觉得解狐可以去那里担任此职。"平公听到解狐的名字非常奇怪，他问道："你和解狐之间不是有仇吗？你怎么会推荐自己的仇人做官呢？"祁黄羊不以为意地答道："国君您问我谁可以去主管南阳地区，又不是问我谁是我的仇人。"晋平公按照祁黄羊的推荐任用了解狐，正如祁黄羊预料的那样，解狐到了那里以后深深体会到人民的疾苦，着手为老百姓们做了很多的好事，当地的人民都很喜欢他。

有了这次的经验以后，晋平公经常在任命人的时候询问祁黄羊的意见。后来朝廷中少了一位军中尉，平公就问祁黄羊谁适合担任这个职务。祁黄羊说："我觉得祁午挺合适的。"国君又一次惊讶了，他问："祁午不是你的儿子吗？你这次是推荐自己的儿子做官，难道你不怕别人说三道四吗？"祁黄羊又是非常淡定地回答国君的问话："大王您问我的是谁适合担任军中尉，又没有问我儿子是谁。"后来的事实再次证明了祁黄羊的推荐是正确的，祁午果然在那个职位上做得有声有色。

祁黄羊推荐人为官的事情被孔子知道了，孔子赞扬道："祁黄羊才是真正的大公无私啊！他推荐人才对外不排斥自己的敌人，在内部又不忌讳自己的亲生儿子，真是太好啦！"

的确如孔子所说，祁黄羊正是有了知人善用的一双"慧眼"才能够为国君分忧解难的，而晋平公如果不承认祁黄羊的水平，那么后者又怎么可以让自己的慧眼发挥作用呢？由此可见作为一个领导一定要重视人才。

原文

事有窒碍而不可行者，忽遇睿灼之士，以一言为启钥，俾万众如梦方觉，非天牖其衷，何其臻此！（《经世奇谋》）

译文

做事遇到有阻碍而行不通的人，忽然遇到睿智聪明的人，一句话就可以成为他开锁的钥匙，使人们如梦方醒，如果不是上天打开了他心里的那扇窗，他又怎么会达到这种境界呢！

解读

人们看待世界上的人或事物，难免会或多或少地带上自己的主观意识，往往就会先入为主、自以为是或者自信过头而不自知，这些都有可能是造成“当局者迷”的原因。

人们常说“当局者迷，旁观者清”，一个人就算再聪明也不可能事事完全正确，总有陷入困境，做事遇到阻碍的时候，这时关键就是看你是不是真正愿意敞开自己的心扉尝试着去接受别人的意见或建议。别人不经意间的一句提醒或许就会让你醍醐灌顶，如梦初醒。即使旁观者所提的看法或建议对你未必有效，但你如果能够抱着一颗谦卑的心去虚心参考，认真思量，那么你一定会有所收获。

案例

谦虚好学的孔圉和从善如流的栾书

古诗有云:“不识庐山真面目，只缘身在此山中。”这讲的是如果一个人总是沉迷于一件事情，那么他有可能就会被面前的事情蒙蔽了双眼，所以任何人在其人生中必须有谦虚好学的精神和从善如流的胸怀。

卫国的大夫孔圉因为谦虚好学所以死后被卫国国君赐予了一个“文公”的谥号，所以人们尊称他为孔文子，而孔子的学生子贡知道这件事情以后内心不服，他认为孔圉不配有这么高的评价，因此他问自己的老师孔子说:“孔圉的学问不错，才华也很高，但是并不是顶级好的，有那么多比他强很多的人，凭什么他能够拥有文公的称号呢?”孔子说:“孔圉这个人自己本来就聪明好学，最关键的是他很谦虚，他不会的问题一定要向别人请教，即使是地位不如他高、学问不如他多的人，他依然尊敬地向对方学习，从来不觉得有什么不好意思的，这是一般人很难做到的事情啊!你说封这样的人为文公难道不恰当吗?”子贡听了孔子的解释立刻服气了。

孔圉谦虚好学，谥号文公可谓实至名归，除此以外，我们在日常生活中还应该有纳谏从流的气度。春秋时期的晋国中后期，栾氏可谓是朝中重臣，其中有一个叫作栾书的，他是继赵盾之后晋国的又一个顶梁支柱，此人虽然在朝中培育自己的势力，但是很能听从别人的意见，从善如流这个成语就是由他的故事而来的。

晋国当时和郑国是盟国，一次楚国进攻郑国，作为盟国的晋国立刻出兵相助，楚国看到晋军来势汹汹就撤走了。作为主将的栾书主张痛打落水狗，于是进攻了楚的盟国蔡，楚国又被蔡国召来帮助他们打仗。栾书的手下就劝他说楚军去而复返必定是有备而来，还是不要打的好，栾书听从了这几人的建议，于是率兵离开。无独有偶，两年以后，晋楚再次兵戎相见，又是上次提意见的人为栾书出谋划策，使得晋军大获全胜。栾书正是因为听从了贤者的建议才获得了相应的军事成功。

上述两个故事告诉我们一般的人在思考的时候很多都会先入为主，所以谦虚好学和从善如流对我们就很重要了。

原文

袁了凡曰:“自俗眼观之，子贡之不受金似优于子路之受牛，孔子则取由而黜赐，乃知人之为善，不论现行论流弊，不论一时论永久，不论一身论天下。”(《智囊全集》)

译文

袁了凡说:“用世俗的眼光来看，子贡不接受赎金，似乎比子路接受牛要高尚，但是孔子却认为子路的做法可取而子贡的做法不可取，这是因为他知道人做善事，不应只着眼于当时的做法，而应着眼于它所产生的流弊；不应只着眼于一时的好处，而应着眼于长久的影响；不应只着眼于自己利益的得失，而应着眼于天下的利害得失。

解读

子贡去诸侯家赎回一个鲁国人，却不肯接受赎金；子路救了溺水的人，但也收了那人用来答谢的牛。就眼前来看，人们或许会认为子贡不贪人钱财，而子路则有违助人为乐的本质，但是孔子认为，子贡拿回赎金并不损害自己的道德，不拿回赎金就不能鼓励其他人来效法了，而子路救人接受牛则会鼓励更多的人勇于拯救溺水者。

孔子的看法是从长远的利益来看，因为圣人的一举一动往往会移风易俗，教化百姓，成为百姓行为做事所效仿的典范。

道德与利益是不矛盾的，让道德与利益对立起来是完全错误的。既然行善，没有必要害怕获得相应的权利。有些事情，表面上看是恶，实际上是善。在一个人是恶，在一个社会是善；在一时是恶，在后世是善。反之亦然。所以我们不应该只看重一时的名声和利益，而应该做长远考虑，认识到自己的一举一动所带来的影响。

案例

冯谖设三窟

有远见卓识的人能够看到的往往都比常人多，面对着变幻莫测的人世，他们总能及早做打算，真正达到防患于未然。战国时期有很多在贵公子中做门客的“士”阶层，他们中常常有一些有大智慧者，孟尝君的门客冯谖就是其中之一。

冯谖是战国时期齐国人，家里很穷，听说孟尝君好养客就直接到其门下做门客，孟尝君问他有什么能耐，他直接回答“没有”。即使这样孟尝君还是接纳了他。孟尝君的手下看冯谖没有什么水平就给他吃粗茶淡饭，没过几天，冯谖就拍打着他的宝剑唱道：“宝剑啊，宝剑啊，我吃的饭里边没有鱼啊！”像这样三次，分别要吃喝、要出行的车、要房屋养母亲，孟尝君都让手下满足了他的要求。而大家都认为冯谖贪得无厌，所以很讨厌他。

后来，孟尝君需要人到自己的封地薛去收账，冯谖自告奋勇要去完成这个任务。临行前冯谖问孟尝君需不需要买点儿什么回来，孟尝君回答道：“看着府里没有的带一点儿吧！”谁想到冯谖到达薛以后把老百姓们都叫来，核对了之前的账目，就把债券全都烧掉了，并且告诉大家是孟尝君让他这么做的。冯谖去得快，回来得更快，孟尝君问他为何如此顺利地就完成了任务，他说：“我临行之前您说让我买一些府里没有的东西，我想来想去府中只缺少义，所以我就烧了债券帮你买义啦！”孟尝君很不高兴，但是也没有说什么。

一年以后，新上台的齐王有感于孟尝君的势力强大就将其辞退回封地了，可是孟尝君还没到薛，就见老百姓们扶老携幼前来迎接，直到此时孟尝君才见到冯谖当年“市义”的效果。冯谖说道：“俗话说狡兔三窟，您现在只有薛地一个地方，臣下愿意再为您打造两处洞穴，只有这样您才能高枕无忧啊！”

冯谖又想了一些办法让魏国、齐国的国君都对孟尝君刮目相看，魏国兴师动众地派人请孟尝君去魏国为相，这个消息传到齐王耳朵里，满朝震惊，齐王也赶紧派人请求孟尝君回归朝堂之上。冯谖又帮孟尝君索取到了先王的祭器，并且立了齐国的宗庙在薛地，直至此时，冯谖才告诉孟尝君可以高枕无忧了。孟尝君在齐国为相数十年，没有任何大的灾祸，想来这都是冯谖预料未来的功劳啊！

冯谖开始烧毁债券的做法不为孟尝君所理解，直到自己被赶回薛地才明白其“市义”的好处，这正是冯谖的过人之处啊！而后他又为孟尝君设置三窟以确保其地位，由此可见只有冯谖这种从长远利益着想的人才能“未卜先知”啊，也只有这样才能让自己保持在不败之地。

原文

剪彩成花，青阳笑之。人工则劳，大巧自如。不卜不筮，匪虑匪思。(《智囊全集》)

译文

人工的剪纸再美丽，也比不上大自然的自然美景。人的思虑再周全，也难以预料上天冥冥中的安排。聪明的人有时候不算、不卜、不思、不虑，只是靠当时的领悟来做出反应。

解读

人生道路上注定会遇到很多困难和挫折，这是我们没有办法避免的。所谓百密终有一疏，即使你考虑得再周全，也没有办法逃避。聪明的人往往不会想要洞察先机或者想方设法地逃避，他们通常会选择去积极面对这些挑战，并以在这些逆境和困难中得到的领悟来让自己成长。

面对困难，人们选择退缩、放弃，这都是一种本能反应，但是如果你选择知难而退，那么你也就选择了失败，因为放弃和失去希望不仅不能解决现实存在的问题，而且还会让我们在未来陷入更大的困境之中。而那些敢于面对逆境的人，他们无论环境是否有利，都会勇往直前，任何障碍都阻挡不了他们渴望成功的脚步。在遭遇困难和挫折的时候，他们会根据事情的发展做出自己的判断，找到自己的解决方法，也会据此不断调整自己前进的方向，最终寻找到适合自己的前进道路。这才是聪明的做法。

案例

詹天佑建造京张铁路

人生在世会面对很多困难和挫折，知难而退并不是一个勇敢者的选择，真正的强者应该迎难而上，应该通过自己的聪明才智解决问题，只有这样，我们才能够到达胜利的彼岸。

詹天佑号称“中国铁路之父”“中国近代工程之父”，他生于广东省广州市，自小勤奋爱学，十二岁的时候就去美国留学了，十七岁考进了耶鲁大学的土木工程系，专门学习了铁路工程。回国以后，他进入中国铁路公司担任工程师，从此以后开始了铁路建造事业。詹天佑善于解决问题的才能从一开始就被挖掘出来了，他刚刚担任工程师不久，就有一个铁路桥的难题摆在了面前。当时那条铁路需要跨越滦河，但是滦河的水流湍急，河床泥沙深，当时承担建设的英国人先后聘请了英国、日本、德国的工程师，他们都铩羽而归。詹天佑临危接手，他认真分析了前人失败的原因，采用了“压气沉箱”这种新的方法解决了问题，滦河大桥的建成让詹天佑一举成名。

1902 年，清政府决定修建铁路，主要是为了方便清政府到清西陵祭拜，为了不耽误皇家的事情，清政府任命詹天佑为总工程师，限期六个月完成，詹天佑很好的完成了任务。而后清政府又让他修建京张铁路，詹天佑测量了三条不同的线路，为了保证工期，他选择了第一条路途短的线路，从北京丰台出发直到张家口，总路程三百六十公里。

在建设京张铁路的过程中，詹天佑遇到了很多困难，在铁路的必经之地八达岭、青龙桥一带需要设计四条隧道，最长的一条达到了一千一百多米，但是那里山峦重叠、地势特殊，两旁都是陡壁悬岩。经过詹天佑的实际测量，他决定用分段施工法，开辟了六个工作面，既保证了工程的建设速度，也保障了其施工质量。除此以外，他还创造了“竖井开凿法”，也就是说采用从两端向中间凿进的方法。由于火车需要在山上运行，为了解决火车上山的问题，他又选用了“人”字形的线路，这都是詹天佑根据京张铁路建造时的特殊困难，通过自己的聪明才智想出来的解决问题的好办法。

詹天佑是我国第一位铁路总工程师，他在修建京张铁路的时候遇到了很多困难，当时很多外国工程师都无从解决，可是詹天佑运用自己的聪明才智建造了我国历史上第一条属于中国人的铁路，在当时那种特殊的社会环境中为国人争了一口气！

原文

岂有累犯罪恶而不革其爵者？今若因循久远，天下官多军少，民供其俸，必致困穷，而邦本亏矣，不可不深虑也。(《智囊全集》)

译文

对于那些屡次犯罪的人，怎么可以不革除他们的爵位呢？如果像这样长久地发展下去，天下就会做官的多当兵的少，人民为了要供给他们俸禄必定会导致贫穷困苦，那么国家的根本也会受到亏损，不能不做深远的考虑。

解读

犯罪的人是不能让他们保有爵禄的，因为他们即使当官也不会做好事，而且长久发展下去，官多民少，那么人民必然会贫穷困苦，以致天下纷乱，让国家的根本受到亏损。为了国家日后的发展考虑，就一定要预先做出防范，将犯罪之人的爵禄削掉。

这说明“工欲善其事，必先利其器”，对于一个想要取得成功的人来说，他们做事情都会做到未雨绸缪，对将来的种种状况都能做好充分的准备，他们有远见，放眼长远，进而能预见未来。聪明的人有远见卓识，知迂直之计，善于在变化万端中捕捉机遇。而一般人则只能关注眼下，按部就班，埋头苦干。

遇事主动出击或者亡羊补牢，这都不是最有效的做事方法，真正高明的方法是要有未雨绸缪、深谋远虑的眼光。当事情还没有发生的时候，当危机还没有显现的时候，我们就能够意识到未来的情景，提早规划，做出及时的防护措施，这样才能把握先机，掌握自己的人生命运。

案例

曹刿论战

《诗经·豳风·鸱鸮》中写道：“迨天之未阴雨，彻彼桑土，绸缪牖户。”这就是成语未雨绸缪的来历，意思是在还没有下雨的时候就要把门窗绑住，后来用作比喻洞察先机，事先做好准备工作，预防不必要的事发生。历史上有很多这样具有远见卓识的人。

曹刿是春秋时期鲁国人，是著名的军事理论家。鲁庄公十年春天，齐国攻打鲁国，曹刿请求拜见国君为其出谋划策，曹刿的老乡说：“这样的军国大事自有国君臣子谋划，有你什么事呢？”曹刿说道：“现在的当权者目光都很短浅，没有深谋远虑，怎么能够解决这个问题呢？”

曹刿见了鲁庄公问道：“国君您凭借什么和齐国的大军作战呢？”鲁庄公说：“类似于衣物这样用来生存的东西，我一定将其分给身边的大臣，从不单独占有，大臣一定会竭尽所能的。”曹刿回答说：“这些都属于小的恩惠，何况不能推及百姓，百姓怎么会支持您呢？”鲁庄公接着说：“每次祭祀上天的时候，我都实话实说，从不欺瞒老天。”曹刿就回道：“这些小的信用是无法让神灵保佑您的！”鲁庄公又说：“国内所有的案件，无论大小，我都会根据实情来判决。”曹刿又回答说：“这样做只不过是尽了您的本职啊！但是凭借此倒可以开战，等打仗的时候请求您让我也去吧！”

到了战场，鲁庄公邀请曹刿与自己坐在一辆车上，鲁庄公刚想下令让士兵击鼓进军的时候，曹刿出来制止道：“现在还不能进攻呢！”等到齐军都击了三次鼓以后曹刿才让鲁君下令击鼓进军，结果齐国的军队大败而去。鲁庄公刚想率领自己的军队乘胜追击，就被曹刿拦住了。只见他下了战车，仔细察看了齐军后退时车轮的痕迹，然后登上了战车，远远地望了下齐军撤退的阵形才让鲁军追了上去。

战争结束后，鲁庄公问其胜利的原因，曹刿回答道：“打仗在很多情况下并不依靠人员寡众，而是依靠士气，第一次击鼓最能振奋人心，第二次击鼓大家就不像刚开始那样了，击鼓三次以后，士兵们前进的心意已经被磨得差不多了。我们在对方意志消沉的时候击鼓，正是咱们士兵们最意气风发的时候啊！齐国逃走以后，我怕他们是诈降，唯恐前方有埋伏，所以才去察看其撤退的车印和阵形呢，他们的车印杂乱无章，撤退时旗帜都倒下了，这说明他们是真的逃跑了。”

曹刿善于观察，能够在临敌的时候处事不惊，并且高瞻远瞩，最终帮助鲁国战胜了强大的齐国，这可真是具有大智慧的人啊！

原文

用侈便觉财匮，官贪便觉民贫，将弱便觉敌强。举隅善反，所通者大。（《智囊全集》）

译文

注重享乐就会觉得钱不够用，做官贪财就会觉得百姓穷，贪图安逸的将军就会觉得敌人太强。做事情如果能像这样举一反三，就可以推出许多道理来。

解读

孔子曾对他的弟子说：“举一隅不以三隅反，则不复也。”意思是说：“我举出一个方面，你们应该能灵活地推想到另外几个方面，如果不能的话，我也不会再教你们了。”这说明学一件东西，要灵活地思考，运用到其他相类似的东西上。这样，才能做到举一反三、触类旁通。

一个成功的决策者往往具备举一反三、触类旁通的能力，他们在纷繁复杂的各种事物中，能深刻认识事物间的内在联系及事物的本质属性和发展规律，透过现象看清本质，从而抓住主要矛盾，运用创造性思维方法进行科学的归纳、概括、判断和分析，并举一反三，触类旁通，找出解决问题的关键所在，从宏观大局上做出相应的正确决策。

做人做事善于举一反三很重要，因为这是人们进行创造性思维的重要途径和方式，它可以给你的想象力和创造力一个更大的空间，让你说话办事取得事半功倍的效果。

案例

创造性的举一反三

每个人在人生中总有可能碰到相似的困境，第一次可能有朋友的帮忙或者贵人的指点，可是并不是每次在困境中都如此幸运，一旦我们碰到类似的情况就应该有举一反三的能力，有创造性的举一反三的能力，否则你将会和失败紧密联系在一起。

传说古时候有一座大山，山上两个寺院隶属不同的佛教派别，所以两个寺院的和尚也经常暗自较量。有一段时间两个寺庙里的小和尚总是在同一时间出门到山下集市上买菜，有一天，一个小和尚问另一个："你要去哪儿啊？"另一个回答道："脚到哪里我就去哪里啊！"问话的小和尚觉得对方回答特别巧妙不知道如何回答，等他回去以后就将今天的事情告诉了师父，师父说："你问问他啊，要是没有了脚你去哪儿啊？"小和尚一听，师父的话言之有理很是高兴。

第二天，这个小和尚又问了对方和昨天一样的问题，没想到对方的回答和昨天不一样了，那个小和尚说："风吹到哪里我就到哪里去。"小和尚一听又傻眼了，这该如何回答呢？晚上他就又跑去问自己的师父，师父说："那你就问他要是没有风，你到哪里去啊？这和昨天的问题是一样的啊，你自己想一想！"这个小和尚暗自下定决心，明天一定要战胜对方。

第三天，他遇到对方寺庙的小和尚依然问相同的问题，这次对方的回答又变了，只听得人家回答说："我去市场买菜啊！"小和尚又和前两天一样无言以对了。晚上他又去找自己的师父询问，他的师父这次没有告诉他答案，自己感慨道："只有能举一反三才算真正的领悟啊！"

这个故事里的小和尚总想与对方一较高低，可是每次都无言以对，他只知道墨守成规，而不懂得举一反三的变化，实在是可悲可叹啊！

原文

君非自知我者也，以人之言而遗我粟，其责我也，又将以人之言，此吾所以不受也。且受人之养，不死其难，不义也；死其难，是死无道之人，岂义哉！（《经世奇谋》）

译文

你并不是因为自己了解我，而是因为别人的话才送给我粮食，那么你也会因为别人的话而责备我，这就是我不愿意接受粮食的原因。况且受到别人的恩惠，危难之时不为他死，是为不义；为他死，又是为无道之人死，这难道就合乎道义吗！

解读

人们常说“滴水之恩，当涌泉相报”，也就是说受到别人一点小小的恩惠就应当加倍报答，这也是人们的一种心理常态，认为如果接受了别人的一点好处，不报答的话内心就会有愧疚感，于是就要想方设法地去为对方做点什么，这样才能减轻这种愧疚心理。

而一些别有用心的人却往往会利用人们的这个心理来控制别人为他做事。他先是给你一点好处，在危难之时，如果你不为他挺身而出，势必会被人认为是一个不讲义气的人，而当大家都知道他是一个德行有缺的人时，那么你的挺身而出又将会被人看作是非不分，那时，你将处于一个两难的境地。

在生活中，我们不要随便去接受别人施以的恩惠，特别是自己当下不需要的东西，更是不要轻易接受，否则就是你内心的贪念在作祟。同样，我们的付出也要考虑对方是否真的有此需求，否则也是对对方的一种不尊重。

案例

秦穆公挟恩图报

古语中讲的“投之以木桃，报之以琼瑶”是很早的讲究知恩图报的话语，它宣扬人若是受到别人恩惠的时候，不但应该图报，还要加倍地报答对方。可是，当你给予别人恩惠的时候可不要抱着希望别人报答的目的啊！

春秋时期的晋国是当时力量最强大的诸侯国，晋献公当时受到骊姬的蛊惑，造成了晋国之乱，当时太子申生被杀，公子夷吾和重耳分别逃往秦国和狄戎避难。夷吾为了得到秦穆公的帮助，答应对方只要自己回国就将一些城池割让给秦国，秦穆公很快就帮助他回到了晋国做了国君，是为晋惠公。可是夷吾回国后立刻食言，不但没有报答秦穆公的恩情，还与对方打了两次仗。晋国以失败告终，夷吾割地求饶，并将自己的儿子圉放到秦国做了人质。

秦穆公为了笼络圉还将自己的女儿嫁给了他。后来夷吾病重，公子圉怕自己的位置被人窃取，就不顾自己的妻子，偷偷地溜回了国内。晋惠公去世以后，公子圉就做了晋国君主，这就是晋怀公。没想到晋怀公这个家伙和他的父亲一样也是一个忘恩负义的人，他一当上国君就彻底断绝了和秦国的交往，秦穆公就决定帮助当年出逃的公子重耳回来做晋国国君。

后来重耳在秦穆公的帮助下，如愿以偿地当上了晋国的国君，这就是春秋时期大名鼎鼎的晋文公。晋文公去世以后，秦穆公也想称霸中原，所以想进攻晋国，他对大臣说:“晋国之所以有今天那全是我的功劳，我几次帮他们立新君、平内乱，之前重耳打败了楚国称霸中原，现在重耳已经去世了，我不能再忍耐下去，所以现在我准备和晋国决一死战以树立自己的霸主地位。”没想到这次出战，秦国大败，连大将军都被对方俘虏了。

在这个故事里，晋惠公、晋怀公两人受到秦穆公的帮助，不但不言谢还恩将仇报，这不由使我们想到那些“彭宇案”中恩将仇报的人，当事实真相大白于天下的时候，他们必将受到世人的唾弃。

而秦穆公在晋文公重耳去世以后，凭仗着自己对晋国的恩惠，想要对方将霸主地位拱手相让，这就是挟恩图报了。面对着与人恩惠和受人恩惠两种情况，我们必须分别以平常心和感激心去对待，否则祸患将会自己找上门来了。

原文

鸿鹄高飞远翔，其所恃者六翮也。背上之毛，腹下之毳，无尺寸之数，去之满把，飞不能为之益卑；益之满把，飞不能为之益高。(《经世奇谋》)

译文

鸿鹄飞上高空，翱翔远方，它所依靠的是六根空心硬管的羽毛。背上的羽毛，腹部下的细绒毛，没有尺寸之长，即使拔掉一把，也不能因此降低飞行；增加一把，飞行也不能因此增加高度。

解读

鸿鹄身上空心硬管的羽毛虽少，但却是它能高飞远翔的关键；它的细绒毛虽多，却多一把少一把都不能影响它飞翔的高低。

和鸿鹄的羽毛一样，人也有“六翮”和“毳毛”之分。有的人有能力，能成事，就是一个组织发展高飞的关键，有的人平庸无能，就有他不多无他不少。那么，管理者怎样去辨别一个人是“六翮”还是“毳毛”，这就需要一种智慧了，他不仅要有爱才之心，还要有识人之智。

识人之智，就是要善于发现人才，如果你没有一双善于识人的眼睛，那么你就容易被一些虚妄的表面所迷惑，任用一些没有德才的人，而让真正德才兼备的人才流失，失去高飞远翔的机会。所以善于识人不仅是一种极高的智慧，也是一个管理者成功与否的关键。

人们常说，一流的人，才能看一流的人才；二流的人，才识二流的货色。

但有时道不同也不相为谋，某些一流之才也不一定为自己所用。所以识人也不能太教条，需要个人去细细品味，根据自己的情况好好甄别才是。

案例

知人善用的刘邦

一个领导应当具备的各种素质中，最重要的一条就是能够知人善用，因为只有这样，他才能够根据每个人的能力的不同去调度和重新组合，以达到团队的最优状态。在我国历史上有一些君王可能在某项才能上没有过人之处，但是其知人善用会帮助他成就大的事业，汉高祖刘邦就是其中的佼佼者。

高祖刘邦在秦国一统天下的35年前就出生了，在秦朝的时候曾经做过泗水亭的亭长，他在秦末反抗暴秦的战争中被立为汉王，他在楚汉相争中一举打败赫赫有名的楚王项羽，建立了我国历史上伟大的强盛朝代——汉朝，也正因为如此，生活在汉朝的人才被称为了汉人，汉人说的话才称为了汉语。刘邦之所以建立了如此的丰功伟绩，并不因为他有着什么特殊的才能，关键就在于他能够知人善用。

公元前202年已经55岁的刘邦建立了汉朝，他在洛阳南宫开了一个盛大的庆功宴，在这次宴会上，刘邦如是总结自己的胜利经验说："若说运筹帷幄，出谋划策，我比不上张良；若说安抚百姓，筹备粮草，我又比不上萧何；说起带兵打仗，久战沙场我则比不上韩信啊！大事，我之所以能够成功，完全因为我充分地认识到这些人的才干，然后知人善用啊！反观项羽，他手下最可用的人非范增莫属了，可是他却对范增多次猜疑，这才是他失败的最重要的原因啊！"

正像刘邦自己所说的那样，他的这项本领那是其他人万万学不来的。刘邦在弥留之中，吕后曾经到其榻前问其今后朝廷的人事安排，刘邦说："萧何死以后就由曹参来接替相国之位，再往后可以任用王陵，但是王陵的智谋比起前人有所不足，一定要派陈平去辅佐他。可惜，陈平有谋略而难决断。朝中的周勃很是忠厚，虽然不爱说话，但是今后一定能够帮助我们安定刘氏江山。"吕后再问之后的事情，刘邦回答道："再往后你也就看不到了。"事实上，刘邦去世以后汉朝的整体路子是按照他生前规划的走下去的。

要知道世间的人没有全能的，物也没有全能用的，只有以伯乐之心去寻找千里马，才能够时刻发现自己身边的人才，只要能够做到知人善用、人尽其才，那大家的事业还有何患呢？

备患卷

第四

原文

小人无过人之才，则不足以乱国。然使小人有才而肯受君子之驾驭，则又未尝无济于国，而君子亦必不概摈之矣。少正卯能煽惑孔门之弟子，直欲掩孔子而上之，可与同朝共事乎？孔子狠下手，不但为一时辩言乱政故，盖为后世以学术杀人者立防。(《智囊全集》)

译文

如果小人没有过人的才能，也就不足以祸乱国家。假使小人有才能也愿意接受君子的指挥，对于国家未尝不是一件好事，而君子也不应该一概地摒弃小人。可是少正卯煽动迷惑孔子的弟子，几乎想要压过孔子的声誉，那孔子还能与他同朝共事吗？孔子狠心下了杀手，不只是为了阻止他当时以雄辩的口才来扰乱政局，也为后世以学术的原因杀人树立了典范。

解读

能够位居高位的小人，都有着自己独特奸险的才能，而他们的这种才能却只能祸国殃民，如果小人能接受君子的指挥，将这样的才能发挥在正义之处，对国家对人民来讲也未尝不是一件好事，鸡鸣狗盗不亦能帮孟尝君过函谷吗？故而君子不能一概摒弃小人，但也不能一概收纳小人，有的小人不可不防。

孔子说：“人有五种罪恶，第一种是心思通达而阴险，第二种是行为乖僻而固执不改，第三种是言辞虚伪而善于雄辩来打动人心，第四种是记取非义、多而广博，第五种是顺应错误而认为理所当然。”孔子认为一般人要是有这五种罪恶的一种，就不免被君子所杀；而少正卯同时具备五种恶行，正是小人中的奸雄，孔子杀之就是正确的了。

一个没有才能的人如果心术不正，他做的事情还不至于祸国殃民，而一个有才能的人如果心术不正，那对国家对人民就可能是一个大灾难。所以在用人的时候一定要全面考察一个人的才能与德行，不能只注意才能而忽略德行，从而给自己种下祸根。

案例

祸国宦官魏忠贤

在我国历史上有很多祸国殃民之徒，其中不乏掌握了国家实权的宦官，尤其是唐、明两代后期，宦官专权给整个社会带来了极大的灾难。

魏忠贤是明朝时期非常有名的宦官，他本来叫作李进忠，因为认了魏朝做干爹所以才改换姓名为魏忠贤的。魏忠贤因为欠了赌债走投无路，所以就自宫以后进到皇宫做了太监，他会来事儿，上下逢源，先是得到太子宫太监王安的赏识，被其庇佑，然后又认识了皇长孙的奶妈客氏，并且与之对食，同时又甚得皇长孙的欢心，这都为其日后走向权力中心奠定了基础。

时机很快就来了，皇上去世以后太子即位，谁想太子即位没有多久就驾崩了，与魏忠贤关系很好的皇长孙朱由校即位，是为明熹宗，也就是历史上著名的“木匠皇帝”，朱由校一即位就将魏忠贤升为了司礼秉笔太监。

因为明熹宗的心思都放在了木工制作上，所以他疏忽朝政，对政治不太上心，这就给了魏忠贤擅政的好机会。魏忠贤总是在皇上做工紧要之时拿着奏折去请求批阅，熹宗往往随口说道：“我已经知道了，你看着办吧！”这样魏忠贤一点点地掌握了朝中大权。他还与自己的“妻子”客氏狼狈为奸，擅自专权，人们都称其为“九千岁”。

当时东林党人看不惯魏忠贤的做法，曾经上书弹劾，可惜弹劾未过，这可惹怒了魏忠贤，他结党营私，大规模地抓捕东林党人，诬陷左光斗等六人贪赃枉法，最后这六人冤死狱中，历史上将这件事称为“六君子之狱”。在这以后，魏忠贤还没有放过东林党人，他大肆缉捕相关人员，拆毁了所有的东林书院。

魏忠贤在宫中极尽其能地玩弄权术，在这点上可谓是将自己的聪明才智发挥到了极致。由此可见，当权者实在是应当具备知人的能力啊，只有这样才不会产生祸患。

原文

事虽未形，几则已露，昧者熟视若无睹。故如灶突召焚，而燕雀怡然不悟。若君子，窥端倪即知究竟，岂至是哉！（《经世奇谋》）

译文

事物的形状虽然还没有显露出来，但它的一些细枝末节却早已显露，愚昧无知的人对这些迹象因为看得多了都当作没看见。所以就好像烟囱安装得不当会招来火灾，而住在屋顶的燕雀却还怡然自得，一点都不知道将要大祸临头。如果是君子，看到这些细枝末节就会知道将要发生什么事情，又怎么会到这步田地呢！

解读

在成败兴衰之间，有些事情在当时看似无关紧要，实际上在最后却能牵动大局。有的人可能因为事情细小，常常不自觉地忽视它，有的人也可能是因为急功近利、好高骛远而对这些细枝末节不屑一顾。

俗话说："圣人见微以知萌，见端以知末，故见象箸而怖，知天下不足也。"聪明的人看到事物的苗头，就能预见事物未来发展的趋势。事情虽然还未显露出来，但它的一些细微的迹象却早已露出，愚昧的人会对它熟视无睹，而聪明的人，则会根据这些细节来推断事物发展的结果，从而早做谋划。圣人没有必死之地，也没有必败的结局，噩运来临之时他们知道怎么躲避，机遇到来他们也能自觉加以运用。所以想要成就一番事业，就必须关注每一件小事、每一个细节，并把它做到完美，这样，我们才有机会铸就自己的辉煌。

案例

丢失的骆驼

有水平的人往往能够从一些细微的现象中发现重大的事件，所以他们可以提前谋划，可以发现别人发现不了的线索，可以在别人还不知所措的时候就已经提前做好了谋划。

从前有一个人的骆驼丢了，他四处寻找都找不到，他走着走着来到一个地方碰到了在地边休息的兄弟四人，他上前打听道："请问你们几个人有没有见到我那走失的骆驼啊？"这四兄弟相互看了看，一个接着一个发言了，老大说："你丢失的那只骆驼是不是有一只眼是瞎了的？"老二特别着急地说："你的骆驼的脚是不是有点儿毛病？"老三抢着说："你丢的骆驼好像是没有尾巴的吧！"老四说："你的骆驼很爱捣乱吧！"丢骆驼的人听了以后开心极了，因为这些人说得一点儿都没错，他们一定能够告诉自己骆驼在哪儿。这几个人听说自己说得很对内心很高兴，但是他们却说自己根本没见过这只骆驼。

丢骆驼的人见四人描述的骆驼和自己丢的一模一样，但是居然说没见过，就想："这几个家伙一定是偷骆驼的人。"于是他就将这兄弟四人告上了法庭。法官接受了这个案子，询问那四个人道："你们没见过这只骆驼，怎么能把骆驼的特性说得这么准确呢？"兄弟几个又争相解释了一番。

老大说："我看到路边的野草有被牲口啃过的痕迹，但是只啃一边，由此可见，这个骆驼有一只眼是瞎的。"老二说："我看到路上牲口的脚印一边深一边浅，那肯定是这骆驼有一边的脚不好。"老三解释道："一般来讲，骆驼拉完了粪便就会用自己的尾巴将其扫成块状，可是这只骆驼拉出来的粪便还是条状，所以应该是没有尾巴啊！"老四说："骆驼吃草一般都不会挑选，这匹骆驼却只拣长得茂盛的草去吃，由此可见它很爱捣乱啊！"法官听了兄弟四人的解释哈哈大笑，原来这四个年轻人是善于观察啊！而后在四兄弟的观察推断下，那头骆驼也找到了。

这个故事虽然简单，但是却告诉了我们观察分析的重要性。我国历史上的狄仁杰、宋慈不都是因为观察入微才屡破奇案吗？因此我们在日常生活中，在自己的工作学习中都要学会留意细枝末节啊！

原文

此疏而彼密，此宽而彼狠也！忠谋不从，自贻伊戚。悲夫！（《智囊全集》）

译文

君子容易疏于防范而小人心思缜密，君子容易宽容他人而小人凶狠残忍。对别人诚意的劝导不肯听从，终于为自己留下祸患，实在是可悲！

解读

有的人自恃自己的地位才能可以超过小人，对付他们绰绰有余，对于别人善意的提醒也不肯听从，却不知道小人的手段总是层出不穷，以至于为自己埋下了祸患。

所谓“明枪易躲，暗箭难防”，生活中总是有那么一些人在背后想着怎么算计别人，对于这些小人，我们有时候不得不防。但因为我们没有小人的心思缜密，没有小人的阴狠狡诈，所以我们并不能完全识破小人的手段，如果再认为自己清高，听不进良言，那就会被小人有机可乘。

百密也有一疏，自己是不可能看到全部的，而多几双眼睛就不一样了，也许别人看到了小人而自己却没发现，这时别人的提醒就成了关键，千万不能忽视，也许这就是识破小人诡计的突破口。

案例

暗箭难防

人都说“明枪易躲，暗箭难防”，在我们的生活和工作中，难免有一些心胸狭隘之人，他们经常当面一套，背后一套，当他们用美丽的笑容迎接你的时候，没准背后就向你刺出了致命的一刀。

春秋时期周王朝的势力日益衰微，当时郑国作为一个小国家在郑庄公的带领下蒸蒸日上，国中有一员老将名叫颍叔考，这个人正直无私，能言善战，曾经在早些年帮助郑庄公与其母后和好如初，可谓是国中的顶梁支柱。有一年郑庄公要检阅自己国中的军队，需要发派兵车，当时颍叔考和一位年轻的将军子都为了争夺兵车吵了起来，结果子都没有争过颍叔考，从此以后他就暗自怀恨在心。

同年初秋，郑庄公为了彰显自己的实力，假借天子之名进攻许国，当时颍叔考为帅，子都为副手。别看颍叔考年岁已高，但是他比年轻人一点也不差，进攻许国都城的时候，老将亲自出马，奋勇向前，那是杀敌无数啊，更是率先爬上了对方的城头。子都眼见颍叔考要立下大功，回想起几个月前争夺兵车之恨，此时更是妒火烧心，他居然抽出背后的箭，照着颍叔考就射了过去，只见老将军一个踉跄摔了下来。此时正是和对方兵刃相见之时，旁人都以为将军为对方所害，于是群情激奋一鼓作气就攻下了许国的都城。

为了封赏子都消灭许国的大功，同时也为了缓解颍叔考的妹妹颍妹丧兄的痛苦，郑庄公将颍妹指婚给了子都，两人相见之下一见钟情。但是子都暗箭伤人之后自觉无颜，新婚之夜颍妹又希望丈夫可以为自己查出杀害兄长之人以报仇，子都深受良心的谴责，最后竟然疯了。子都年轻有为，但是却没有容人之量，在自己暗箭伤人之后又幡然悔悟，可惜为时已晚啊！

这个故事后来被后世文人改写成了著名的昆曲剧目《英雄罪》，它既告诉我们一个人不能在背后伤人，同时也告诉我们在生活中要有防人之心，要多长一双“慧眼”，时刻提防小人的暗算啊！

原文

物贵极征贱，贱极征贵，凡事皆然。至于极重而不可复加，则其势必反趋于轻。居局内者常留不尽可加之地，则伸缩在我，此持世之善术也。（《智囊全集》）

译文

物品贵到极点就表示要开始便宜了，便宜到极点就表示要开始涨价了，凡事都是这样。事物重到极点了就不要再增加了，否则情势必然向着轻的方向转移。所以当局者要经常保留可以加减的余地，那么自己就可以掌控伸缩，这是处世最好的方法。

解读

物极必反，事物发展到极端时就会向着相反的方向发展。古人认为，世间的万事万物都有它自身发展的规律，当它发展到一个顶点时，必然会向着相反的方向发展，所谓“物极则反，否极泰来”就是这个道理。所以我们做人做事要多给自己留一点余地，这样遇事才能周旋回转，灵活自如；如果不留一分余地，就等于把自己的退路都给堵死了，一旦有了错误则无法改正。

凡事留一点余地，也是我们今天在为人处世上应注意的，因为人生在世，你会面对各种各样的关系，这些关系如果处理得好会使你到处受欢迎，处理得不好就会遭人痛恨。但时势每时都在变化，我们总有考虑不周的时候，所以凡事要留有余地，话不可说得太死，行不可做得太绝，这样我们才能进可攻退可守，永远稳操胜券。

案例

物极必反唐玄宗

我们国家古代的经典《易经》中提示我们说:“物极必反，否极泰来”，这就是说一个人到了其生命的顶点往往就开始走下坡路了，历史上有很多这样的例子，最具有典型意义的就是唐玄宗的一生。

武则天接手了李唐王朝15年以后驾崩了，他的儿子中宗即位。中宗本性懦弱，又想补偿当年跟自己受苦的妻子韦氏，大权逐渐被皇后和女儿安乐公主掌握，当时朝中一片混乱，不但韦皇后、安乐公主想做女皇，武则天的女儿太平公主对皇位也虎视眈眈，在这种严峻的斗争形势中，李隆基看准时机联合了太平公主的势力发动了“唐隆政变”，睿宗上台。

睿宗和中宗有着相同的特点，那就是长期在武则天的压制下对皇权的占有已经是如履薄冰了，在这种情况下，睿宗当了没有多久皇上就很快将皇位禅让给了太子李隆基，这就是历史上的唐玄宗。李隆基的即位引起了太平公主的极大不满，她伙同了一些朝中势力准备政变，希望自己也能像母亲武则天那样做一代女皇。李隆基再一次显示了他在危难中的应变能力，他先发制人，召集自己的亲信诛杀了太平公主一伙人，大唐终于再次回到了李家人的手中。因为权力的来之不易，李隆基在位的前期很是励精图治，他任人唯贤，分别重用了历史上很有名的一些贤臣，终于开创了“开元盛世”。

此时的盛世局面不但是唐玄宗时期最为辉煌的时刻，也可以说是唐朝历史上最为辉煌的时代。所谓“物极必反”啊，此后的唐玄宗开始贪图享乐，和前期的他简直是判若两人。他偏信偏听，先是无条件地信任武惠妃，立了三子为太子。武惠妃死后，他又专宠杨贵妃一人，沉溺女色，不问朝事。在朝中大事上，李隆基又爱屋及乌，任用了贵妃的哥哥杨国忠，而杨国忠本非栋梁之材，更是倚仗自己妹妹一手遮天。紧接着李隆基又宠信了安禄山，当时很多仁人志士几次向李隆基上书说安禄山包藏祸心，玄宗都不相信，直接引发了“安史之乱”，而此乱正是伟大的唐王朝走向衰落的转折点。

唐玄宗在整个唐朝皇权争斗最激烈的时候发愤图强，异军突起，成就了帝王之业，在达到了其执政期间最辉煌的时刻以后反而走向了没落，由此可见事物发展到极端的时候真的是很容易走向反面的，所以我们在面临各种情况的时候怎么能不注意呢?

原文

忧患之来，必有其渐，苟不预图扑灭，则噬脐曷及。此曲突徙薪之说，正明哲保身者之龟鉴云。(《经世奇谋》)

译文

忧患的到来，必然有其逐渐发展的过程，如果不预先考虑到并且扑灭它，那么将来后悔得咬自己的肚脐也无济于事。这就是“曲突徙薪”的说法，正是明哲保身的人所要借鉴的。

解读

据《汉书·霍光传》中记载，有人经过某主人家，看到他的烟囱笔直，旁边又堆积着柴草，便告诫主人应弯曲他的烟囱，并把柴草搬离，以防火灾。主人不听，后来果然招致火患，这就是曲突徙薪的由来，后来人们用此比喻防患于未然。

古人有云：“祸患常积于忽微”，也就是说祸患常常是从一些细微的小事中发展而来的，如果不懂得及时防范，等到祸患发生再亡羊补牢，为时已晚了。所谓智者千虑，居安思危，要明察忧患之预兆，以求防患于未然。懂得防患于未然，必然会少走一些弯路，少吃一些亏，减少一些不必要的损失。

案例

细节决定成败

在英国流传着这样一首歌谣:“少了一枚马掌钉，掉了一只马掌。掉了一只马掌，失去了一匹战马。失去了一匹战马，打败了一场战争。打败了一场战争，毁掉了一个王国。”这讲的就是细微小事的作用。有些时候我们看到的现象可能很微小，但是放到历史的长河中它也许起了改变历史的作用，我国历史上也不乏这类事情。

明朝末年的京城御史毛羽健作为监察部的官员是一个敢于说话、为人正直的官员，但是他却有一个很大的毛病，就是怕老婆。有一年，毛羽健的妻子回娘家探亲，毛羽健就纳了一个小妾，这件事被探亲的妻子知道了，他的妻子就快速地利用朝廷最为快捷的驿站系统回到了京师。这件事情让毛羽健特别恼火，他为了自己的私利就向皇上上了一个奏章，奏章中极力陈述了驿站的要害，认为如果撤掉了驿站就能够节省开支，并且防止相关官员揩油，这对于勤俭治家的崇祯帝来讲是一个非常合理化的建议，所以皇上很快就同意了毛羽健上奏之事，撤掉了全国的驿站系统。

驿站系统的撤销使得很多当时的公务员都失业了，其中就有后来举兵起事的李自成。李自成家里几代人都以养马为生，所以后来到陕西的一个驿站做驿卒，当驿站被撤以后，李自成只能另谋出路，在当时那个乱世之中，仿佛只有走上起义的道路才能活命，最后这个李自成就成为了大明王朝的掘墓人。

驿站是我国古代用来传送官府文书和军事情报的重要地方，国家的什么地方一旦有什么风吹草动，都可以通过这个地方把信息和情报传递到京城，这样才便于皇上掌握各地的动态。崇祯帝为了一时的省钱居然同意毛羽健的不合理建议，而毛羽健因为妻子用了驿站系统来抓自己娶小妾的事情，就随意上书，从君从臣都可以用“浑蛋”来形容了。

看了这个故事我相信大家对日常看似不起眼的事情都有了新的认识，它告诉我们在今后的日常工作和学习中一定要注意把握细微之事，正所谓“一屋不扫何以扫天下”?

原文

“人无远虑，必有近忧。”尤信！（《智囊全集》）

译文

“人无远虑，必有近忧。”这话丝毫不假。

解读

人生就像下棋，如果不多看几步，不顾全局，不顾长远，贪图眼前利益，当进入对方弃子陷阱时，就会招致更大损失。人如果没有长远的谋划，那么忧患也一定即刻就会到来。今日因成他日果，今天不为他日做打算，他日我们必然会有很多忧虑。

古往今来，世事复杂多变，险象环生，危机四伏，我们做人做事都要高瞻远瞩、深谋远虑，认清当前局势，做长远打算。这样不但可以少犯错误，还可以更有所作为。面对同一片境地，只有登上山峰的人才能见到它的深远，只有登到城墙上的人才能感受到它的空旷。同样，对于我们的未来，只有早做打算和谋划，当危机还没有出现的时候，我们能够意识到未来的情景，早做防护措施，这样才能把握先机，更好地掌握自己的命运。

案例

急流勇退的张良

人生就像海洋，在其中你可能碰到风平浪静的美丽风景，也有可能遭遇滔天巨浪的灾难，如何在人生的海洋中任意驰骋，拥有较好的驾驭本领必不可少，这样我们就能够把握先机，做到自己的命运自己做主。

张良是秦末汉初杰出的政治家，与韩信、萧何并称“汉初三杰”。张良的先辈是韩国的相，在秦一统天下以后，他一直致力于恢复故国的活动，年轻的时候曾经和刺客一起在博浪沙刺杀过秦始皇。传说后来张良得遇黄石公，从其处习得《太公兵法》，终于成为了一个足智多谋的“智囊”。

当年项羽邀请刘邦赴鸿门宴，多亏了张良力劝刘邦，使得其在宴会上卑辞言和，从而保存了实力，后来又是张良用计买通了项羽的叔叔项伯，刘邦才得以全身而退，而后退到汉中之地，建议刘邦烧栈道，以向项羽表示自己绝对不会“东进”，这为刘邦以后统一天下奠定了一定的基础。而在韩信暗度陈仓灭了三秦之地以后，张良又将项羽的注意力引到东方，使其无暇顾及刘邦的行为。

张良本来就体弱多病，自从刘邦打败项羽，当上皇帝以后就托词自己身体不好而拒绝参加各种朝政，他遵循黄老精神，保持着一种可有可无的处世原则。公元前 197 年，汉高祖刘邦宠爱戚夫人，他打算废掉吕后的儿子改立赵王如意为太子，当时朝中一片大乱，大臣们虽然极力劝谏也不能改变刘邦改立储君的心意。在这种情况下吕皇后向张良求教，张良认为太子之事极为重要，不能轻易更改，所以就对吕后说：“‘商山四皓’在山林中隐居多年，皇上多次想让他们来朝中为官未果，若太子有他们的辅佐其地位定然固若金汤。”事实果然就像张良预测的那样，皇上看到商山四皓在太子旁边辅佐，从此以后再也没有提过更改储君的事情。也因为这件事，刘邦死后吕后对张良也是恩宠有加。

张良一生在楚汉争霸的复杂环境中能够看清形势帮助刘邦统一江山，而后又能够在汉初刘邦剪灭异性王的残酷斗争中保得其身，在西汉皇室的明争暗斗中，他也一直恪守着“疏不间亲”的原则，成为了历史上少有的逃脱“兔死狗烹”的开国功臣。我们不能不从其为人处世中看出谋划人生的真谛啊！

原文

谖使齐复相田文，及立宗庙于薛，皆纵横家熟套，唯“市义”一节高出千古，非战国策士所及。保国保家者，皆当取法。(《智囊全集》)

译文

冯谖让齐王再次任用田文为宰相，并在薛地设立宗庙，这都是纵横家常用的一套。唯独“买义”这一节，手段高明很多，不是战国时代那些谋略之士所比得上的。想要长保国家于不亡的人，都应该效法他。

解读

冯谖替孟尝君到薛地去收债，却当场焚烧所有债券，为孟尝君买了一个“义”字，虽然失去了一点钱财，却换来了薛地百姓的民心，因而才有了孟尝君再次回薛地时百姓的夹道相迎。

自古得民心者得天下，失民心者失天下，水能载舟，亦能覆舟，要想获得最高的统治权，就要想办法获得民心，得到民众的支持。古往今来，出色的领导者都是善于笼络人心、收买人心的。因为要想换得长久的生存和发展，光靠领导者自身的力量是不行的，必须依靠底层人民的力量和智慧，而领导者也必须给予他们更多的关爱、信任和更为广阔的舞台，把他们储存的主动性、积极性和创造性充分地调动起来，这样才能获得长治久安。

案例

李世民收复太原城

群众的力量是伟大的，正如《荀子》中所说："君者，舟也；庶人者，水也；水则载舟，水则覆舟。"在历史上不乏明君看到了这一点，唐太宗李世民在还是秦王的时候就认识到了民心的重要性。

唐朝初建，李渊派自己的亲生儿子李元吉驻守在太原城以保障物资供应，谁想李元吉到了太原以后是吃喝玩乐，刘武周的大军攻入之时这个小子撒丫子就跑，将太原失守的烂摊子扔给了李渊。当时李渊派了几名大将去收复太原都以失败告终，他甚至兴起了迁都的念头，直到次子李世民平定西部班师回朝，李世民才率军去收复太原。

李世民要想收复太原城必须掌握河东的重要军事要地——绛州，趁着黄河结冰，李世民率领自己的军队踏冰而行，孤军深入去占领绛州。之前因为战乱，绛州地区的人们早已经跑的跑、逃的逃了，这里简直就成了一座空城。这就给唐军造成了很大的麻烦，因为军队的供给并不像行军那么快，此时只有依靠当地百姓，如果没有老百姓们的帮忙军队可能会因为粮草问题而被敌军攻破。

李世民早就有着良好的人民基础，他攻无不克战无不胜的威名和为百姓谋福利的好名声在这个时候立刻发挥了作用，他派人发表了《告河东人民书》，在此文中他说道：以前在此处的那些将军都走了，现在是秦王李世民率兵前来，为了给老百姓们一个很好的生活环境，所以李世民一定会将刘武周的大将宋金刚赶走的，希望百姓们能够出来与秦王的军队一起共渡难关。此地本来就是大唐发源的地方，而且之前秦王在此治兵之时对百姓非常好，所以大家一听说李世民的军队到来，都非常高兴，半送半卖的就将粮草运到了唐军兵营，这样一来还没有开战，秦王就笼络了大多数群众的心了。

后来，李世民以此为根据地，经过几次运筹帷幄的战役逐渐将宋金刚的军队逼得无路可走，后来又烧了敌军的粮草，宋金刚率军逃亡，李世民命令部队急行大破敌军，终于将自家弟弟丢掉的太原城给夺了回来。

纵观整个战局，李世民踏冰渡河掌握了兵家先机，但是若没有老百姓们的粮草相济，恐怕他的军队很难支撑下去，所以我们常说得民心者得天下。在当今世界，作为一个领导者也应如此，只有得到老百姓的支持才能够有所成就。

原文

夫贵不与富期，而富至；富不与粱肉期，而粱肉至；粱肉不与骄奢期，而骄奢至；骄奢不与死亡期，而死亡至。累世以前，坐此者多矣。(《经世奇谋》)

译文

显贵没有与财富相约，但是人一旦显贵，财富就跟着来了；财富没有与美味相约，但是人有了财富，美味就跟着来了；美味没有与骄奢相约，但是人只知享用美味，骄奢就跟着来了；骄奢没有与死亡相约，但是人一旦骄奢，死亡就跟着来了。历代以来，因此而丧命的人多着呢。

解读

在每个人的内心深处，都潜藏着各种各样的欲望，有情感上的索取，物质生活上的不懈追逐，在权位上的攀爬……欲望是人们生来就具备的一种本能，正因为有了欲望，人类才得以向前发展。如果丧失对事物的欲望，生活就会变得单调、空洞，甚至停滞不前，但如果你对自己的欲望不加以控制，那也会变成贪欲，成为一个无底洞，慢慢地将你吞噬。比如有的人终其一生追逐名利和权势，从有权有势到骄横，到贪污受贿犯罪直至丢掉自己的性命。

贪欲无止境是世上最可怕的事，有欲望没有错，但欲望过盛，就会自寻烦恼，自招痛苦，甚至引来灾祸。所以我们要学会掌控好我们的心，让心听自己的话，去除掉我们贪执的习气。习气逐渐减少之时，我们也才能获得真正的解脱。龙牙禅师云：“一室一床一茅屋，一瓶一钵一生涯；门前纵有通村路，他家何曾是我家。”生活简单自然，不攀外缘，方是安身立命之处。能够卸下妄想妄缘，真心就能现起。

案例

叔向贺贫

人生在世一定会面临很多的诱惑，在这个时候如果我们没有节制，任由内心的欲望发展，那么一定会乐极生悲，所以我们要正确地对待生活中的欲望。与此同时，人生在世也难免会遇到穷困潦倒的时候，我们此时也应当正确对待生活，只有这样才能胸怀若谷，快乐地度过一生。

叔向是春秋后期晋国有名的政治家，有一天他去韩宣子的家拜见对方，韩宣子正在为自己的贫穷唉声叹气，叔向却赶紧向韩宣子祝贺。韩宣子说：“我白白有卿大夫的名号，却没有相应的财富，我的人生中也没有什么大的荣誉可以和其他的卿大夫平起平坐，都不好意思和他们交往了，我这正发愁呢，你却跑来祝贺我，这是为什么呢？”

叔向回答道：“以前的栾武子您知道吧！他家里的土地比你还少呢，而且家里穷到了连祭祀器具都担负不起的境地，可是他却能够闻名于天下，很多诸侯国的国君都愿意和他来往，就连少数民族都想着归附于他，这是为什么呢？因为栾武子品行高尚，遵守法制，所以我们晋国才能安定啊！到了栾恒子的时候呢？这时候他们家里已经有很多钱了，可是栾恒子骄傲自满，不但挥霍无度还贪得无厌，甚至还胡作非为，可是因为有着他父亲栾武子的余德，所以最后还是得以善终了。等到了栾怀子，他倒是继承了祖父的做法，本来可以终其一生的，但是因为他父亲的原因，最后在晋国过不下去了而逃亡到了楚国。再看郤家，当时他们家八个人中有五个做到了大夫，有三个做到了卿，可谓是显赫一时吧！郤昭子家，当年其家的财产都能占晋国财产的二分之一了，他家里的佣人多得都有三军的一半了，可谓富有了吧！可是他却仗着这些在国内胡作非为，最后他的尸体都被示众了，整个宗族都因为他而灭亡了。可是有人同情郤家吗？根本没有，这都是因为他们没有德行的原因啊！现在您的家庭状况和栾武子相似，我认为您还可以继承他的德行，所以才向你祝贺呢！要是你只发愁家里没钱，而不忧虑没有德行，我只有哀悯你，怎么会祝贺你呢？”

韩宣子听了叔向的话赶紧拜谢叩首道：“在我人生迷茫的时候，在我马上就要走向灭亡的时候，是您教诲了我，挽救了我！您的恩情我不但自己记得，还要让我的子孙全都记得啊！”

叔向用自己对晋国两个大家族的分析向韩宣子说明了人生在世最重要的东西，我们的欲望要向着有用的德行去发展，而金钱这样的身外之物还是不要那么在意的好。

原文

天下安，注意相；天下危，注意将。将相和，则士豫附。士豫附，天下虽有变，则权不分。(《经世奇谋》)

译文

天下安定，人们会注意丞相；天下危急，人们会注意大将。将相和睦，则朝廷士人才乐于归附，朝廷士人归附了天下虽有动荡，但权力不会分散。

解读

天下安定的时候，一个国家会仰仗“相”，也就是谋士来为国君出谋划策，而当国家处于危险之中，则需要仰仗“将”，也就是将军来率领军队保家卫国。而要想一个国家长治久安，则需要将相和欢，上下和谐。古往今来，一个开明的君主往往懂得平衡群臣之间的各种关系。

这正如一个聪明的管理者，他懂得只有让内部关系和谐，不发生误解、怀疑和对立，才能让员工互相配合，协调一致，大家劲往一处使，否则就会后患无穷。这就好像下一盘棋，必须统筹兼顾，理顺上下左右的关系，才能做到攻防兼备。所以，管理者在其中的协调能力显得尤其重要，也直接关系到他领导工作的成败。

案例

白起之死

正如前文所写的那样，作为一名优秀的领导应当有知人善用的本领，同时他也要能调节下属之间的内部矛盾，只有所有的下属成员相互忍让，抱着相同的目标奋斗才能够保证工作的顺利进行。

战国时期的秦昭襄王本来是一位非常有作为的国君，在他即位初期的时候面临着很强的内部忧患，外戚干政、太后专权的局面持续了很久，他起用著名的谋臣范雎为相，集中了君权，后来又任命了白起为大将，开始东征西讨。

白起号称“战神”，他极善用兵，攻城略地，尤其是在对赵国的长平之战中，一举消灭了赵国的主力部队，传说中当时投降的四十万大军都被坑杀了。赵国面对这灭顶之灾，君臣进行了很长时间的谋划，和韩国协议找到了一位纵横家苏代到秦国找到范雎，说：“丞相您在秦国居功至伟，可是现在白起已经打败赵国，若让他乘胜追击灭了赵国，那么您在秦国的地位势必被其超越啊！”范雎听后为了个人的私利就上书秦王，希望能够整顿兵务，答应对方的求和。如果说此时秦昭襄王接受了范雎的要求还不算什么，但是很快秦昭襄王不但不再信任手下，还和范雎结成了同盟，与白起出现了嫌隙。

长平之战过后，虽然秦王将白起调回了秦国，却依然想进攻邯郸，但是按照当时的军事情况和诸侯国之间的关系，白起认为不可发兵攻赵，否则秦军必败。但是，秦王不听反而派了其他人为大将出战，果然如白起所说遭到了败绩。此时，昭襄王再命白起率兵出战，范雎也多次请求白起，但是白起看到当时秦军难以获胜，同时因旧疾未愈也难以出战。直到邯郸陆续传来秦军战败的消息，秦王暴怒要求白起即刻动身不得逗留，白起才带病上路。但是还没有到达前线，范雎就与秦王商议，认为白起不肯出战可能有了二心，所以赐死了尚在路上的白起。

秦国大将白起看似死于朝廷内部的争权夺势，实际上和君王对其的猜忌有着很大的关系。若是秦昭襄王能够协调国内将相之间的矛盾，而不是偏信偏听，也许我国的历史就会重新书写啊！

原文

取诸人者以百计，当以九十为平；与诸人者以百计，当以一百一十为平。如此，则人皆亲附。得其九以入吾用之之资，弃其一以定吾得之之地。假之颜色，温我话言，体其甘苦，乃是不费之惠，尤其可为也。(《经世奇谋》)

译文

从别人那里取一百，应当以得到九十为平正；给别人一百，应当以一百一十为平正。这样，则人人都会归附于你。将得到的十分之九用来用度，舍弃十分之一来安定亲附我的人。对别人态度好一点，语言温厚一点，体谅他们的甘苦，这都是不用花钱就能给人的恩惠，尤其可以做到。

解读

世界上那些真正聪明的人，都是善于吃小亏的人。因为他们知道，不吃小亏是很难占到大便宜的，吃了小亏，付出很少，但收益和回报却很大。比如你结交的一些人，他们可能没有钱，那么你应该给他们一点利益来结交。当他们处于贫困、窘迫、困难的时候，凡事应该扶助支持他，多为对方着想，给他些好处，那么他必然会感念你的恩情，日后等他显贵之后，必定会帮助于你，这对你以后的发展也很有好处。

人生一世，功名利禄，生不带来，死不带去，如果事事都过于计较，得失心太重，反而会丢掉原有的幸福，因此不如把名利看淡一些，学会吃点小亏，来换取其他的利益。“吃亏”是让利的表面，“是福”是让利的里面与内容。吃点亏，让一步，不是弱者而是英雄。所以能吃亏是一种境界，也是处事的一种睿智。

案例

占小便宜吃大亏

刘少奇曾经说过这样一句话："占小便宜吃大亏"，的确如此，在我们人生的道路上可能会遇到各种各样的事情，有的人只看到了眼前的蝇头小利，殊不知在获得这点小恩小惠以后，在其人生道路上可能会有极大的灾难等待着。

北宋时期四周少数民族政权林立，当时北方的契丹族政权辽国对中原地区虎视眈眈，金人领袖完颜阿骨打建立金国以后，宋徽宗认为有了希望的曙光，所以他马上派使者出使金国，希望能够联合对方一起消灭辽，金国人立刻同意了宋徽宗的请求。宋朝派人进攻燕京地区，没想到以失败告终。而后，金国的大军一举攻陷了临潢府，辽国宣告灭亡。为了得到燕京等地，宋和金国商议，以巨额赔款换取上述地区。紧接着，金人借口北宋收留了其叛逃的将军，还收留了辽国的臣子和大宋撕破了脸，挥兵南下。宋徽宗将皇位传给了钦宗，并且与金人议和，这才使得对方撤兵而去。没想到，金人志在中原，第二年，他们又一次挥军南下，攻陷了开封府，宋徽宗、宋钦宗两个皇帝都被对方俘虏了，这就是"靖康之变"。

北宋的灭亡并没有给南宋的皇帝以警惕，100 年以后，南宋皇帝依然犯了同样的错。

1232 年，金哀宗派使者请求宋理宗联手抵抗蒙古国的进攻，还列举了历史上"唇亡齿寒"的故事希望能够打动宋理宗，但是刚刚即位不久的宋理宗认为北宋是为金人所灭，所以肩负着民族仇恨的他不愿与对方联手，依然联手蒙古，施行进攻金国的政策方针。两年后，金在宋蒙联军的攻击下灭亡。历史再一次重演了，和 100 年前一样，失去了金这个北方屏障，蒙古人在忽必烈的带领下挥军南下，一举灭掉了南宋。

北宋、南宋这两次的灭亡全都与当时统治者的狭隘眼光有一定的关系，他们只看到了北方紧挨着自己的政权的危险，只记得当下的利益，没有看到此政权作为自己北方屏障的作用，所以一错再错最终以灭国告终，可真是应了那句话：贪小便宜吃大亏啊！

原文

人之憎我也，不可不知也；吾憎人也，不可得而知也。人之有德于我也，不可忘也；吾有德于人也，不可不忘也。(《经世奇谋》)

译文

别人憎恨我，不可以不知道；我憎恨别人，不可以让别人知道。别人做了对我有恩德的事，不可以忘记；我做了对别人有恩德的事，不可以不忘记。

解读

生活中，我们难免会与别人产生摩擦误会，甚至仇恨，但别忘了在自己的仇恨袋里装满宽容，那样我们就会少一分障碍，多一分成功的机会，否则，我们将永远被挡在通往成功的道路上，直到被打倒。

忘记仇恨，才能心理平衡、解放自己。你宽恕了，你的怨恨、责怪、愤怒就没有了。宽恕是消除怨恨、责怪、愤怒的良药。

“念念不忘”别人的“坏处”，实际上最受其害的就是自己的心灵。搞得自己痛苦不堪。这种人，轻则自我折磨，重则就可能导致疯狂的报复，疯狂的结果是自我毁灭。生气是用别人的错误来惩罚自己，宽恕是心灵的解脱。

忘记仇恨，才能提高自己，开阔自己。在人与人之间，在许多情况下，人们误以为“仇人”的，又未必就真的是什么“仇人”。退一步说，即使是“仇人”吧，对方心存歉意，诚惶诚恐，你不念旧恶，以礼相待，进而对他格外地表示亲近，也会使为“仇”者感念其诚，改“仇”为善。把“仇人”看作朋友，坚持感情的输入，坚持礼让。如果你这样做了，就说明你正在一点点地提高自己、开阔自己。

案例

寺人披见文公

俗话说“冤家宜解不宜结”，这就告诉我们在与人相处的时候要多想想别人的好处，不要让仇恨蒙蔽了我们的双眼。历史上有很多成就大功绩的人都能够化干戈为玉帛，而那些曾经的仇人也都给予了他们很大的帮助。

晋国是春秋时期的大国，晋献公晚年的时候宠爱骊姬，就逼死了当时呼声很高的太子申生，改立了骊姬的儿子奚齐为太子。为了活命，晋献公的好几个儿子都跑到别的国家去了。晋献公派寺人披进攻蒲国，恰巧碰到了逃难的公子重耳，重耳跳墙逃跑的时候曾经被寺人披砍掉过一只袖子。后来重耳的弟弟夷吾在秦穆公的帮助下当上了晋惠公，他怕重耳有朝一日回国夺位就派人去暗杀重耳，这个执行暗杀任务的人又是寺人披。重耳经过十九年的流亡日子，终于回到了晋国接手了君位，是为晋文公，他刚刚即位的时候，晋惠公的旧臣唯恐自己遭到不测就准备谋害国君，他们设计火烧宫室，这件事被寺人披知道了，寺人披请求觐见晋文公。

晋文公一听是这个三番两次差点要了自己命的家伙求见很是生气，他说：“蒲城之战的时候，我父王曾经命令你两天赶到，可是你快马加鞭很快就来了；我在狄国的时候，我弟弟又派你来暗杀我，他说让你三天后到，你这家伙两天没到就来了，杀我的时候你怎么如此积极呢？现在我不杀你就是好事儿，你还敢来见我？你赶紧走吧！”

寺人披回答道：“经过这么多年的流亡生活，臣以为君王这次返回晋国已经知道了为君之道呢！现在看来仿佛不是这样，要是不明白为君之道的人做国君，恐怕灾难还是接连不断地到来啊！我们做臣子的忠于国君，这是自古就有的制度，我去刺杀您的时候，您还不是我晋国国君，而是蒲城的人，而是狄国的人，所以我才去的，而今您成为了我们的国君，难道就不会再有暗杀事情的出现吗？从前齐桓公大人大量原谅了曾经射过自己的管仲，最后管仲辅助他称霸了天下，要是您不继承齐桓公的做法，我立刻离开，只怕是辅助您的人会越来越少，离开的人会越来越多啊！”

文公听了寺人披的话认为其言之有理，所以就接见了他，而也因为晋文公的大人大量才使得自己逃脱了回宫后的第一次谋害啊！由此可见，成大事者不拘小节，只有成大事的人才能摒弃过去的仇恨啊！

拯危卷

第五

原文

勾践石室，淮阴胯下，皆忍小耻以就大业也。陈馀浅躁，不及张耳远甚，所以一成一败。(《智囊全集》)

译文

勾践卧薪尝胆终于复国，淮阴侯韩信忍得胯下之辱，都是因为忍受小耻而成就了大事业。陈馀轻浮急躁，不如张耳考虑得长远，所以后来一个成功，一个失败。

解读

古往今来，能成大事的人一定是能屈能伸的大丈夫。勾践和韩信的“屈”都是为了以后能更好地“伸”。在通往成功的人生旅途中，必然会遇到各种困难和挑战，有的人或许能忍受艰苦的环境，但对于精神上的屈辱却一点也无法忍受，殊不知这样只会弄得自己头破血流，得不到半点好处。当我们处于困境中，如果把别人的嘲笑和羞辱当作自己奋进的力量，就没有办不到的事情。大丈夫要能屈能伸。想要成就一番大事业，就必须忍受常人所不能忍受的耻辱。留得青山在，不怕没柴烧。人们在遭遇困境和耻辱的时候，要冷静地分析和思考，如果自己的力量还不足以和对方抗衡的时候，一定要懂得保存自己的力量，先保护好自己才最重要，不可逞一时的血气之勇，这样才能拯救自己于危难中，不然就会错失了成功的机会。

案例

和氏璧

人生在世怎么也不可能一帆风顺，当我们身处弱势之时，也难免会面对别人的嘲弄，在这种情况下我们需要忍受，只有忍得一时之气，认真冷静地分析才有可能成就未来。

我国历史上有两个有名的奇宝，一为随侯珠，一是我们今天要说的和氏璧。和氏璧是中国历史上最为著名的美玉，在它身上有着很多的故事，蔺相如完璧归赵说的是它，秦始皇寻宝刻玺说的也是它，传说秦朝的玉玺在唐末的时候因战乱不见于世，但是它的出现过程却是大家熟知的。

关于和氏璧的出现《韩非子》中做了很详细的描述。在春秋时期，楚国有一个雕刻玉石的能工叫作卞和，卞和经过多次的寻找在荆山中找到了一块很好的玉坯，他如获至宝般拿着这块璞玉去见了当时楚国的国君——楚厉王，厉王立刻找宫中的玉匠查看，那个玉匠几经检查说卞和所献不过是一块石头而已，楚厉王以为卞和欺骗了自己，大怒之下命人砍掉了卞和的左脚。楚厉王去世以后，即位的是武王，卞和这时候又拿着那块璞玉去进献，和上次一样，这回的玉匠依然说卞和所献无非就是一块普通的石头罢了，卞和又一次以欺君的罪名失掉了自己的另一只脚。

武王死了以后，文王做了楚王，卞和不敢再去进献，只是抱着自己这块璞玉在楚山下痛哭，他连续哭了三天三夜，眼泪都流干了他还接着哭，这时候从其眼睛中流出的都已经是鲜血了。文王听说了这件事就派人问卞和为何哭泣，卞和回答道："我虽然被砍去了双脚，但是我并非为自己哭泣，我是哭世人都把宝贝当石头，我哭大王把忠贞奉献的人当成了欺名盗世之徒，我哭世界上那些没有罪却遭受到刑罚的人们啊！"文王见其所言甚笃，就命人剖开那块被前世玉匠鉴定为"石头"的东西，才发现石头中珍藏的是稀世珍宝啊。

这里的卞和为了进献至宝，几次三番地不顾自己的性命，他虽然处于人生中的低谷但是依然希望珍宝大白于世，这样忍耐中的崛起值得我们学习。同样汉初著名的军事家韩信要是不能忍得胯下之辱相信也难成就一番事业啊！

原文

政宽则民慢，慢则纠之以猛；猛则民残，残则施之以宽。宽以济猛，猛以济宽，政是以和。(《智囊全集》)

译文

如果政策过于宽松，百姓就容易怠慢，这时就要用严厉的律法来纠正他们；政策过于严厉，百姓又可能受到伤害，就要用宽大的政令来感化他们。用宽容来调和严厉，用严厉来调和宽容，才能做到政事通达和谐。

解读

古人在很早以前就认识到了什么东西都有两面，凡事不能太过的道理，如果太过于偏重一面，忽视另一面，就会失去平衡，带来祸患。

做人宽大仁慈并没有错，并且这还是一个人胸襟和气度的体现，是为了征服人心，使人信服；威猛严厉也是一个人决心和气度的表现，它可以让心怀叵测的人惧怕，不法之徒闻风丧胆。但是过分的宽大仁慈很容易让人误以为软弱从而得寸进尺，变本加厉；而过分严厉又容易让人觉得残暴，不近人情，从而滋生反抗之心。所以做人做事要宽猛，刚柔并济，宽和和严厉互相调和，才能深得人心，让人心服口服，否则就容易太过极端而给自己带来祸患。在具体工作中，要根据不同的情况，需要刚则刚，需要柔则柔，切不可颠倒而行，或者是只刚不柔，只宽不严，或只柔不刚，只严不宽。

案例

诸葛亮七擒孟获

所谓“一张一弛，文武之道也”，这讲的就是人们在做事的时候应当讲究刚柔相济，只有这样才能够让事物的发展保持自己的平衡。

东汉末年出现了三国鼎立的局面，刘备临终托孤，诸葛亮肩负起了重兴汉室的大任，但是蜀国要想北伐必须解决西南少数民族的侵扰，就这样诸葛亮亲自带兵出征，与对方的第一场战争，诸葛亮就大获全胜并且生擒了其首领孟获。孟获不服，大声说胜败乃兵家常事，诸葛亮二话没说就将孟获放了回去，与此同时他将孟获的副将也放了回去，只是对副将说：“你们将军孟获认为此次的叛乱都是因为你才造成的。”就这样副将直接将孟获绑到了诸葛亮的面前，诸葛亮再次放了孟获。

此时蜀国军中很多人都不明白诸葛亮的所作所为，问道：“丞相大人，我们深入腹地与其相斗，不就是为了打胜仗吗？为何两次抓住其首领又两次放虎归山呢？”诸葛亮说道：“我们要以德服人。”

就这样孔明用了各种计谋几次擒住孟获都将其放了回去，就连孟获身边的将军都有感于诸葛亮的仁义德行，还自己偷偷地绑了自己的主帅送到了汉军营中。为了让孟获心悦诚服，诸葛亮依然放虎归山，后来多次看透孟获诈降的计谋，制造了一些能够喷火的器具一举驱散了孟获借来的木鹿大王的毒蛇野兽，又打败了木藤军队，终于使得孟获心悦诚服了。从此以后，蜀国的威名远播，南方每年都有大约三百邦族来朝拜蜀国，并且进贡，这一切都有赖于诸葛孔明七擒孟获在当地布施下的德行啊！也因为没有了后顾之忧，诸葛亮才敢率兵北伐啊！

在敌人的地盘中，诸葛亮为了达到使对方心服口服的目的，一再地宽宏大量释放敌人首领，这难道不是在向对方展示自己的胸襟和气度的同时得到对方的信任和尊重吗？我们在为人处世中也应当如此，只有这样才能够让身边的人对你心生敬意啊！

原文

古来圣主名臣，断无使性遂非者。(《智囊全集》)

译文

自古以来的圣主名臣，绝对没有做错了事情还要坚持错到底的。

解读

“人非圣贤，孰能无过”，人的一生总是会犯各种各样的错，可以说错误和失败，是会伴随我们一生的。但是犯错误和失败都不可怕，可怕的是不去承认错误，不去接受失败，就会接着犯相同的错误，遭遇相同的失败，甚至犯下更大的错误，导致更大的失败。

古时圣人主张“吾日三省吾身”，就是要我们不断地检查自己在一天当中有没有出现过错误，以便及时予以改正。所以，聪明的人不但善于学习他人的长处，更善于发现自身的错误，取长补短，不断提升自我。

见善则迁，有过则改。能正视自己缺点的人很难得，能不断检查自己缺点的人很不易，能接受别人意见的人则很可敬。在错误面前我们需要时刻保持一颗谦逊的心，及时改正错误，这样往往容易获得别人的谅解，也会使自己得到提高，而骄傲自满则只会让你故步自封、孤芳自赏，还会丧失别人的帮助。

案例

汉武帝晚年发布罪己诏

古语常说“人非圣贤，孰能无过”，又说“知错能改，善莫大焉”，这都是告诉我们说犯错并不可怕，只要你有改过自新的勇气和行动就能够得到自我能力的提升，从而成就一番事业。历史上有很多伟大的圣君也都出现过这样那样的错误，但是他们敢于挑战自我，敢于认错从而获得了后人的尊敬，西汉时期伟大的汉武帝刘彻就是这样一位。

汉武帝刘彻是我国历史上很有名的皇帝，在他的文治武功之下，汉朝可以说达到了鼎盛时期。刘彻16岁登基以后先是从窦太后手中逐渐收回皇权，然后接受了主父偃的意见，利用“推恩令”解决了之前一直困扰中央权力的宗室王势力。文化上适应时代潮流，摒弃了西汉初期的黄老思想，听从董仲舒“罢黜百家，独尊儒术”的建议。先后任用了卫青、霍去病等大将军北伐匈奴，后又并朝鲜，征大宛，战西域，通南越，是汉朝版图最大的时期，可以说在刘彻的努力下，中华的疆域基本奠定了。

就是这样一位皇帝也难免会有失误的时候，在其65岁的时候，他本欲过几年清闲日子以安享晚年，谁知道当时却发生了一件绵延数年的“巫蛊之乱”。巫蛊是一种为皇家所忌讳的行为，当时丞相被人告发，说丞相的儿子与公主私通，并且施巫蛊以危害皇上，当时丞相一家被灭族，后来发现所谓巫蛊根本都是子虚乌有的事情。后来武帝觉得自己头疼难耐，甚至梦到受到小人的鞭打，就派人去侦查此事。奉旨办案的江充因为与太子有仇，就事先埋了很多小人在太子府中以诬陷太子。后来太子又被诬谋反，太子为了自保与皇帝派出的军队大战了几日兵败自杀。当时皇后、太子、先后两位丞相、武帝的两个女儿、三个孙子以及朝中很多大臣都受到了牵连，据说当时长安城内四处都是尸体。而后，武帝渐渐醒悟，认为这是冤案，是有人故意陷害了太子等人，但是为时已晚。

面对着自己一时糊涂犯下的错误，武帝追悔莫及，两年后他下《轮台罪己诏》，针对自己当时的做法进行了深刻的检讨，更是表示从今以后再也不进行大规模的运动了，用他自己的话说就是“以明休息，思富养民”。后人常常将历史上的汉武帝与秦始皇进行比较，其实两人雄才大略的表面背后有着非常明显的不同。作为全国最高统治者的汉武帝懂得自我反省，这是很多皇帝都不能比的，也是秦始皇不能比的啊！

我们普通人在人生中更应如此，要时刻提防自己犯错，但是犯了错误不要害怕，要勇于承认错误，要从中总结经验教训，只有这样我们才能进步！

原文

苟无实心任事之人，即尽圣祖神宗之法制，皆题之曰“鹧鸪”可也！（《智囊全集》）

译文

如果一个人没有一颗想做事的心，即使是圣人的法制，也都可以题上“鹧鸪”二字了。

解读

因为鹧鸪鸣叫时的声音很特别，人们拟其音为“行不得哥哥”，所以人们也用鹧鸪来表达“行不得也”的意思，也指那些做事情没有恒心，一次不成功就再也不愿意尝试的人。

世上有许多失败，其实只要再坚持一分钟，或是再多付出一点努力，就可以转化为成功，但很多人也就是在这关键的一分钟里放弃了努力，结果使得前面所有的辛劳都付诸东流，化为乌有。

所以，做事情一定要有恒心，要有一股韧劲。对待任何事情都是要么不做，要么看准了，决定做而且开始做了，就一定要坚持不懈地做下去，一定要鼓励自己做出个样子来，这也是一个渴望成功的人必备的素质之一。特别是当你深陷困境中时，更需要一颗坚持不懈的恒心，这样你才能有知难而进的勇气，并最终战胜危难和困境，继续扬帆前行，直至最后抵达成功的彼岸。

案例

坚持不懈的爱因斯坦

在我们人生的旅途上有一样品质是值得我们拥有的，那就是坚持不懈。

爱因斯坦是世界上著名的物理学家，他的成就是世界上大多数人所不能比拟的，这并不缘于其有着过人的才智，不因为他有着先天的条件，这些成就的取得全依赖于其勤奋刻苦的学习和坚持不懈的品格。

爱因斯坦三岁才开始学会说话，比自己小两岁的妹妹已经能和其他人愉快交流的时候，他还是说话没有逻辑，前言不搭后语的，这让父母都很担心，他们都怕爱因斯坦连普通人的智商都达不到，也因此他十岁才上了小学。可是爱因斯坦在上学以后依然举止迟钝，不但同学们就连老师都嘲笑他，有的老师甚至说："这个家伙可真笨啊，什么课都学不会。"就是在这样的讽刺和嘲弄中，爱因斯坦一点点地长大了。升入中学的小伙子逐渐爱上了数学，越来越多的问题在他的脑子里出现了，他甚至问自己的舅舅："如果我用光在真空中的速度和光一道向前跑，能不能看到空间里振动着的电磁波呢？"

这样的问题一直困扰着爱因斯坦，他立志考瑞士的苏黎士大学，第一年由于其外语不及格所以落榜了，但是他没有气馁，通过补习终于在第二年进入了苏黎士综合工业大学。在学习中，他把自己的精力都用在阅读课外书籍上，把自己的课余时间都用在实验室里，就这样他毕业了。在毕业以后爱因斯坦在教物理的过程中对传统学术观点提出质疑，在这样坚持不懈的努力下，他写出了论文《论动体的电动力学》，这是物理学史上的一次伟大宣言，是爱因斯坦将物理学向前推进了一大步。论文一经发表很快引起了学术界的关注，有十五所世界一流大学想要为其授予博士学位，世界上很多国家的大学都要聘请他做教授。

当大家都在嘲笑爱因斯坦的时候，他从来没有放弃自己，所以很多青年人问他成功的秘诀的时候，他总是将勤奋作为自己成功的一个重要因素，这个人们口中的"笨蛋"变成了物理学界的"巨人"都是因为他自己坚持不懈的努力。所以我们任何一个人怎么能不重视和拥有坚持不懈的品格呢？

原文

人取小，我取大；人视近，我视远；人动而愈纷，我静而自正；人束手无策，我游刃有余。(《智囊全集》)

译文

在运用计谋的时候，一般人多从小的、局部的方面去思考，而智者则从大的、全局的方面去思考；一般人只考虑眼前的得与失，而智者则考虑长远的利益；一般人遇事容易急躁忙乱而使事情变得愈加复杂，而智者则镇静自若使事态归于正常；一般人遇事束手无策，而智者处理事情则胸有成竹，游刃有余。

解读

在为人处世和危机的处理上，智者和常人总是有着本质的区别，所以智者常常渡过难关，而一般人则只会牢骚满腹，长吁短叹，

邓小平同志曾说："管事要管本行，议事要议大事。考虑任何问题都要着眼于长远，着眼于大局。"在现在这个时代，我们每个人都必须要将眼光放长远，并善于从千头万绪中拨冗去繁，把握全局。

做事要把眼光放远一点，不要只见树木，不见森林，而断了自己的后路。有人做事老把眼前利益看得很重，结果反而失去了长远的利益。同样，如果只从小的、局部的方面去思考问题，也会于事无补，可能对了这头错了那头，只有从全局的方向去思考，才能将整个问题一览无余，解决掉整体。

遇到事情时，一定不要慌乱，一定要镇静自若。一些伟人在面对突如其来的变故时，就能够做得很好，他们不是惊慌失措，而是从容面对。古今中

外，凡是伟人，都有遇事不慌、沉着冷静的特点，只有这样，他们才能正确地判断形势，应对形势的变化，才能取得成就。

案例

镇定自若李克农

在我们的一生中，难免会遇到一些突如其来的变故，这个时候保持冷静就是非常重要的了，只有这样我们才能够在艰难中想出办法去解决问题。

李克农是我国著名的革命家、外交家，在战争时期他是地下组织杰出的领导者和组织者。在其几十年的战斗生涯中，曾经多次面临着变幻莫测的敌我斗争形势，每一次都是他镇定自若地帮助我党化解了危险，为整个革命事业做出了巨大的贡献。

1931 年 4 月 25 日，李克农作为地下组织秘密据点的接头人生活在一个非常简陋的旅馆内，忽然一阵急促的敲门声打断了他的沉思，进来的年轻人是正元实业社跑腿的工作人员，他同时也是钱壮飞的女婿，是钱壮飞和李克农之间的联络员，年轻人带来了钱壮飞的亲笔信，信中的消息着实将李克农吓了一跳：中共中央政治局候补委员、中央“特科”负责人之一——顾顺章，在武汉被国民党武汉行营侦缉队捕获后居然叛变了革命，他声称要到南京面见蒋介石，密报我党的各种机密。这个情报简直是爆炸性的，要是让顾顺章见到蒋介石的话，那么我党大多数的领导人就会有生命危险。

但是，这天是一个星期六，按照规定李克农不能与陈赓联系，但是如果不上报情报整个中央就面临着灭顶之灾。这时候，李克农既没有失去以往的冷静，又当机立断地做出了决定，他想方设法去找江苏省委，通过这样的办法找到陈赓。就这样他在夜幕中不辞辛苦地找了一处又一处，终于在当天晚上找到了陈赓，并且一起面见了周总理。周总理马上召集了相关领导，把叛徒知道的所有内容全部掐断，叛徒了解的暗号和接头办法立刻宣布作废。

顾顺章到了南京的确见到了蒋介石，将自己知道的所有情报全部上报了，但是当那些国民党特务找到所谓的“目的地”的时候，我党的领导者全都已经安然撤出了。而重要领导人周恩来则化装成了一个很有气质的女子，陈赓装扮为一个耄耋老人在敌人的眼皮子底下离开了。

由此可见在一定的特殊情况下从容镇定是多么重要，我们在面临突如其来的灾难的时候一定要向革命先辈们学习啊！

原文

古圣开天制作，皆取师于万物，独济一时之急哉！（《智囊全集》）

译文

古代圣人制定各种规章法制，无不以天地万物为师，而不仅仅只是救一时的急难啊！

解读

孔子说："三人行，必有我师。"其实推开来说，天下万物都可以为师，古往今来，人类的所有成就无不是在学习别人和学习自然中得来的，不管是谁，不管是什么，其身上都有我们应该学习的长处。

任何人掌握的知识与整个知识海洋相比都好似是沙漠里的一粒沙，永远不要说自己无所不知。只有愚蠢的人才会那样妄自尊大，自鸣得意。因此无论在什么时候，永远不要以为自己知道了一切，不管人们把你评价得多么高，你永远都要清醒地对自己说："我是一个一无所知的人，世间万物都是我的老师，我要处处拜人为师。"

未来是无限的，我们总要寻求你我互相进步之道，如果能够处处拜人为师，就会对自己存在的价值有一个正确的认识和评判，自己才会在人生道路上越走越远，取得更大的成功。

案例

三个臭皮匠，顶个诸葛亮

人们经常说“三个臭皮匠顶个诸葛亮”，这里边的“皮匠”一般认为是“裨将”的谐音，久而久之就变成了现在的样子。“裨将”是古代的一种官职，这个俗语开始的意思讲的是三个裨将带兵打仗经过相互商量也能像诸葛亮一样想出好的战略战术。虽然现在我们看到的俗语是以讹传讹的结果，但是这个俗语也有着一个传说。

有一次，诸葛亮设计了一座塔——报恩寺塔，他为了衡量东吴的整体实力，看看在东吴有没有人能够建造这样的建筑，就拿着这座塔的设计图纸来到东吴将图纸献给了孙权。这座塔设计高大精美，光是最上端的那个葫芦就有5丈多高，而且要求是铜质的，这样一来，重量就得达到2000多公斤，这样的巨型葫芦在当时很难做成。孙权看到这个设计图以后觉得建造这样的宝塔很是困难，但是也不能在诸葛亮面前矮了半截，他立刻召集国内的铁匠、冶匠，但是偏偏没有人能做这个大葫芦的模型。为了建成此葫芦，孙权在城门上发布了招贤榜，可惜时间一天天过去，一个月以后还是没有人敢揭榜，这边急坏了孙权，那边就高兴坏了诸葛亮。

在贴榜单的那个城门口附近有三个皮匠，他们长得都很难看，还不认识字，当地的人们都叫他们“丑皮匠”，他们是在附近人们的聊天中才得知了孙权正在寻找制作葫芦模型的人，与此同时又知道了诸葛亮的得意，他们心中很不服气，就在一起商议如何替自己的国家争这口气。用了三天三夜的时间，他们终于想出一个好办法。这几个皮匠用剪鞋样的办法，先剪了一个大葫芦的样子，然后把牛皮一锥子一锥子地缝制成了葫芦模型，然后把模型埋在地下的沙子中，最后将铜水浇灌进去，就这样一个硕大的铜质葫芦就做了出来。诸葛亮看到有如此能人也就不敢小觑东吴了，他就向孙权告辞返回了蜀国。

这个故事虽然是侯然杜撰的，但是也在一定程度上告诉我们，大家立身处世都不应该小看别人，集合多人的智慧一定能够有所作为，我想这也是孔子说“三人行，必有我师”的初衷吧！

原文

凡子弟负跅鍮之奇者，恃才不检，往往为家门之祸。(《智囊全集》)

译文

大凡子孙有过人才智，仗着聪明，而不知谨慎进退，往往会成为家门的祸害。

解读

有过人才智的人，如果只是自恃聪明，不知收敛锋芒，而任意行事，是很容易招致别人的嫉恨的，从而为自己埋下祸端。

因此，如果你有才智，也要注意尽量避免在人前显露。一位哲学家说："如果你要得到仇人，就表现得比你朋友优越吧。如果你要得到朋友，就要让你的朋友表现得比你优越。"

但是很多人却忽视了这个至真的哲理。他们自觉年轻气盛，互不相让，结果使自己和别人都陷入了尴尬的境地。而正确的做法却是尽量不要去否定别人的智慧和判断力，就算你是对的，于自己的成就永远要轻描淡写，不要得意忘形，只有这样，我们才会受到欢迎。正所谓"低调做人，高调做事"，许多事情谦卑一些，就会交到更多的朋友。

案例

杨修之死

聪明在我们的人生中是很重要的，但是如果我们只是一味地显示自己的聪明而不知收敛，就有可能会为自己招来杀身之祸，三国时期的著名谋臣杨修就是如此。

杨修是三国时期著名的文学家，他天性聪明，在当时很是有名。有一次，曹操建造了一座美丽的花园，花园落成的时候曹操去看，但是他没有做出任何评价，只是挥笔在花园的门上写了一个大大的“活”字，别人都不知道是怎么回事儿，只有杨修通过这个字了解了曹操的心意，门内一活即为“阔”啊，原来是曹操嫌花园的门过小了。

我们都知道曹操生性多疑，他基本上随时随刻都在提防别人，怕别人害了自己，他曾经吩咐手下人说：“我这人做梦的时候总是爱杀人，所以当我睡觉的时候你们谁也不要靠近我，免得被我在梦中杀死。”曹操有一天晚上睡觉的时候被子不小心掉到了地上，他的贴身侍卫就前去为他盖被子，谁想这个侍卫就被曹操在梦中杀死了，等半夜起来的时候，曹操看到床边有自己贴身侍卫的尸体很是吃惊，他问是谁杀死了自己的侍卫，别人告诉他事情的经过，曹操眼泪都掉了出来，找人厚葬了侍卫。只有杨修看出了曹操的真实想法，他曾对将被埋葬的侍卫说：“不是丞相在梦中，是你在梦中呀！”曹操听到杨修的话后就开始讨厌杨修了。

219年，曹操率军和刘备的蜀军胶着着，曹操又想进兵又想收兵，正在犹豫不决之时大将夏侯惇来到曹操的帐中询问其今夜的军中口令，凑巧曹操看到厨师送来的饭中有一汤，汤中飘着几根鸡肋，于是随口说道：“鸡肋！”于是该夜军中的口令就是“鸡肋”。这个口号一般人听到都是觉得奇怪，但是也都执行，只有杨修却从中看到了曹操的心意，知道曹操现在处于困境中，前进不能战胜蜀军，后退又恐被人耻笑，所以在这里毫无益处，估计没几天就可以班师回朝。夏侯惇素知杨修的聪明过人，自己也跟着杨修收拾行囊准备回朝，从而导致全军无心恋战。曹操知道这件事后大怒，说杨修造谣生事扰乱军心，就命人将其斩首，首级悬挂在辕门之外。

杨修聪明至极，可以从曹操的语言行为中看出其真实意图，但是他不会正确地使用自己的聪明，屡次触犯曹操的禁忌，最后丢掉了自己的性命。这可真是聪明反被聪明误，反丢了卿卿性命啊！

原文

以兵攻城，以众图财，不仁。且人君者，宽惠慈众，身不妄诛。(《经世奇谋》)

译文

用军队攻占城池，仗着人多势众抢掠他人财物，是不仁的。况且统治人民的人，应该宽厚仁惠，对百姓慈爱，不能随意杀人。

解读

如果一个国家严刑峻法，盘剥人民，纵容军队抢掠，那这个国家是肯定不会长久的。秦始皇就是因为严刑苛法，才使得强秦两世而亡。同样，管理者如果只知道以自己的意志为转移，处处刁难下属，甚至压制下属，与下属走到对立面，他们在管理者的位置上也是肯定坐不长久的。

管理者要关心下属。怎样关心呢？曾国藩说过："施仁爱。"仁爱是管理的根本。对待下属要像对待自己的子弟一样，真心地期待他们能成长、富裕。于下属有利的，凡是能看到和能听到的，都要竭力去做。偏离下属的管理者，最终等待他们的，很可能是越来越多的叛逆者和离心者。

管理者真心对待下属，和下属一起团结协作，就会形成一个极具战斗力的整体。

案例

捕蛇者说

柳宗元曾经写过一篇著名的散文叫作《捕蛇者说》，里边描述了一个蒋姓青年捕蛇的故事，这个故事是这样的。

永州的城外生长了一种非常奇怪的蛇，它的身子是黑色的，上边有白色的花纹，因为身有剧毒，所以人要是被它咬了几乎没有活命的机会，就连它爬过的草木都有可能枯萎。但是这种蛇是一种非常少见的药材，要是掌握了捕蛇技巧，将它晾干制成的药饵能够治病，像身上长的恶疮、去除坏死肌肤、杀死寄生虫等它都不在话下，更神奇的是它还能治好麻风病。因为这种药的神奇功能，皇上下旨老百姓们可以用这种蛇顶自己一年以来的赋税，由于有这样的好处，永州的老百姓们有很多都是依靠捕蛇吃饭的。

有一个姓蒋的人他们家三代以来都依靠捕蛇生活，问他的时候，他悲伤地告诉大家说："我们家三代捕蛇，我的祖父、父亲都被这种蛇毒死了，我捕蛇十二年多了，有几次也险些送命。"但是让他换一种营生，恢复自己赋税的时候，他就更加悲伤了，只见他泪眼汪汪地说道："虽然我去捕蛇冒着生命危险，但是至少还能够生活下去啊！我们家这样过了六十年，现在过得还可以，看看我周围那些种地的乡亲，他们一年四季辛辛苦苦脸朝黄土背朝天地干了那么久，可是每年的收成全都被捐了赋税，大家又饥又渴，却什么都吃不上，经常看到成堆的死人。我们身边现在生活着的家庭是我小时候祖父还活着的时候的十分之一，是我父亲还活着的时候的三分之一，是我刚开始捕蛇时候的二分之一，你看那些种地的人都死掉了、跑掉了，而我却用捕蛇的营生维持了生计，这不是捕蛇的好处吗？我一年只用捕两次蛇，别的时候都能快乐生活，这应该是捕蛇带给我的吧！"

听了这样的话，我们难道不应该更加悲痛吗？孔子老早就曾经说："苛政猛于虎。"之前还有人不相信，现在看到了蒋家的生活我们终于认清了孔子话的意思。的确是这样，如果领导不顾下属的死活，只是一味地看重自己的利益，那么谁还能和他共同奋斗下去呢？柳宗元的这篇文章不能不带给领导者一定的思索啊！

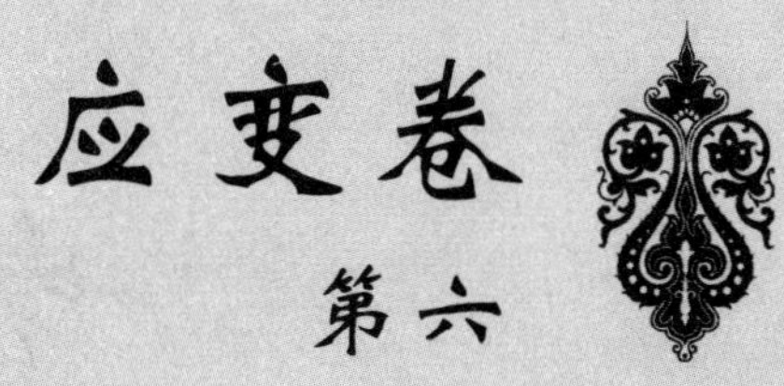

应变卷

第六

原文

西江有水，遐不及汲。壶浆箪食，贵于拱璧。岂无永图，聊以纾急？（《智囊全集》）

译文

滔滔而逝的西江水，却没有办法汲取来解决遥远的地方的灾祸。一壶水一筐食物，有时比璧玉还要珍贵。人生难免有危难的时候，正确地应变，才能化解突然发生的灾难。

解读

在我们的生活中，难免会遇到一些出乎意料的突发状况，而此时，就是对我们的应变能力的一种考验。如果你没有灵活的应变能力，遇事就有可能慌张，不知所措，甚至鲁莽行事，这样就很容易把事情搞砸，使自己遭受不必要的损失。而如果你应变能力比较强的话，你就能冷静地、理智地分析状况，通过巧妙的方法灵活应对，最终化险为夷，使自己摆脱困境。

应变能力也能体现出一个人的自信和智慧，还有乐观的心态，因为面对同样的问题，消极悲观的人会选择逃避和放弃，而积极乐观的人则会沉着冷静，理性处理，想方设法化解不利因素，把事情引向好的方面。所以，应变能力是我们每个人都必须具备的一项本事。

案例

曹操煮酒论英雄

每个人在自己的人生道路上都有这样那样的不如意，面对突如其来的变故如何将事情导向有利于自己的方向是我们应当具备的应变能力。

当年刘备身处曹营之中，一日，关羽、张飞恰巧不在，许褚、张辽两人带着些手下找到刘备说曹操有请，谁想曹操见到刘备第一句话就是："你在家做大事啊！"这可把刘备给吓坏了，紧接着曹操拉着刘备走到后院，指着刘备种的菜说："你学园艺可真不容易啊！"这才让刘备长舒了一口气。

曹操说，今日找刘备不过是看到梅子想要煮酒同饮而已，两人边喝酒边聊天，喝着喝着只见乌云滚滚而来，大有暴风骤雨之势。两人站在亭子中远远望去，只见那乌云犹如巨龙般盘旋而来，曹操顺势问道："龙这种动物，能大能小，能现身能隐藏，有时候它会吞云吐雾，有时候又隐藏在世间，世间的英雄就和龙差不多。玄德，你可知道当今的英雄有几何呢？"刘备说道："我的见识浅薄不知道啊！"曹操说刘备过于谦虚，一定要讲几个出来听听。刘备先后列举了淮南的袁术、河北的袁绍、江东的孙策、益州的刘璋，甚至是张绣、张鲁、韩遂等割据一方的势力，但曹操都说他们不是英雄。

曹操说道："只有胸怀大志、内有良策的人才配称英雄，纵观天下我看英雄只有你我二人啊！"刘备听了这话以后大为吃惊，手里拿的筷子、勺子都掉到了地上，曹操眼看就能看出刘备的真实用心了，老天帮忙，恰巧一声炸雷响过，刘备说："这雷声也太吓人了，我这筷子都掉到地上了。"曹操笑道："大丈夫怕什么打雷闪电？"刘备回答道："当年孔夫子听到雷声还害怕呢，我哪里能跟圣人相比呢？"这样，刘备就借打雷下雨的事情将自己内心的真实意图掩盖了过去，而曹操也信以为真。难怪后人写诗称赞刘备："勉从虎穴暂栖身，说破英雄惊杀人。巧借闻雷来掩饰，随机应变信如神。"

刘备寄人篱下，本就怕曹操知道自己志在天下，所以一直装傻充愣以麻痹对方，此时忽然被曹操说中心中之事难免惊慌，但是他很快就用当时的环境巧妙地解释了自己的行为，真是后世随机应变的典范啊！

原文

事变之来，如迅雷掣电，不及掩耳闭目。苟非涵养有素，鲜不茫然错愕。惟敏捷之才，能运神机于呼吸，故万变之会，无不帖然。(《经世奇谋》)

译文

事情突然发生变化，就好像打雷闪电一样，快得让人来不及捂住耳朵，闭上眼睛。如果不是非常有修养的人，没有不惊慌失措的。只有敏捷的人，才能在瞬息之间运用神机妙算，所以对于千变万化的事情，没有不处理得妥妥当当的。

解读

"世事沧桑心事定，胸中海岳梦中飞。"人的一生难免会遇到一些突如其来的变故，这时候，如果你惊慌失措或意气用事都会让事情变得更糟，只有我们去冷静面对，才能灵活处理，找到更好的解决办法，把事情处理得妥妥当当。

遇事冷静，不仅仅是解决问题的好办法，也可以反映一个人是否有修养。如果遇事慌乱往往事倍功半，因为慌乱会影响一个人在自然状态下的判断能力和执行能力，从而产生不良的后果。只有遇事冷静下来，你才能正确全面地认识客观事物，发现问题的所在，找到灵活应对的方法。自古成大事的人，都必须戒除慌乱，审时度势，而后才可举大事也。

很多情况下，只有保持冷静，才能保持全面，保持思考，保持选择。而这时的选择才是最佳状态下的正确选择。

案例

秦桧的急才

秦桧是两宋相交时候的人物，也是我们国家历史上著名的大奸臣，早年的秦桧曾经是一名抗金义士，甚至还随同宋徽宗、宋钦宗二人一起被俘到金国。后来，他辅佐宋高宗赵构，并且一路迁升做到了宰相之职，他当时力主与金和解，割地求饶，并且陷害了岳飞，同时也因为这件事情而遗臭万年。但是，他毕竟官至宰相，所以还是有着一定的急才的，下面我们就讲这样一个故事。

秦桧当宰相时，可谓一人之下万人之上，他的权势很大，权力熏天，当时全国各地献给皇上的贡品都要先挑选品质好的送到秦府，然后才能够送往皇宫。有一天，当朝太后召秦桧的夫人王氏入宫赐宴，其中有一道菜是清蒸淮河青鱼。太后随口问王氏说道："秦夫人，你可曾吃过这种鱼吗？"秦桧夫人想也没有想就答道："这种鱼我们家多的是，所以我很早以前就吃过了，而且吃的这种鱼都比这还大好多呢！这样吧，臣妾明天就派人送一些到宫里来。"

秦桧夫人回家以后，就将这天进宫赴宴的情形告诉了秦桧，秦桧听了以后，脸色都变了，他对王氏说道："你真是妇人之见啊，你想想，皇宫里都没有的东西，咱们家里却有，皇帝要是知道了这件事怪罪下来，那岂不是召来了杀身之祸吗？"秦桧确有一些水平，他很快就想出了应付此事的计策。第二天，王氏派家中的下人向宫中进献了一百条糟青鱼，显仁太后看见后，拍着手笑着说："我以为是什么好鱼呢！都说这婆子土气，果然如此！"

这个故事里秦桧的夫人王氏已答应了太后为其进献一百条鱼，如果不进奉自然会惹太后的生气，但是如果献上真正的好鱼就一定会惹出事端。秦桧用长得很像淮河青鱼的糟青鱼向显仁太后进献，正是用了假痴不癫的办法来保护自己啊。

当然，秦桧的为官之道我们并不接受，但是身处危境中的机智和随机应变的本领还是值得我们借鉴的。

原文

是非心不可不明，亦不可太明。立身全交，两得之矣！（《智囊全集》）

译文

是非之心不可以不清楚，也不可以太清楚，既保全了身躯，又保住了交情，那就是两者都做到了。

解读

人活于世，对于是非对错，没有自己的评判标准固然不行，但是也不能表露得太清楚，这是有智谋的人保护自己的一种处世计谋，也是一种大智若愚的处世态度。

自古过于聪明而不知避其锋芒的人，往往都会成为别人攻击的对象。因为任何有所图谋的小人，都会处心积虑、不择手段地想要达到目的。他们一旦发现有人独具慧眼，比自己高明，或者是挡了自己的路，那么为了保全自己，必定会千方百计、想方设法地加以攻击，或散布流言，或捏造罪名，甚至杀人灭口。所以真正聪明的人，他们往往不会在众人面前显露自己，外表看上去好像愚笨一点，应变能力稍微差一点，以不引起别人的注意和记恨，但实际上，在紧要关头他们往往能不动声色，以自己的智慧先发制人。

大智若愚的处世态度也是一种低调做人的姿态，还是一种智慧和谋略，无论在官场、商场还是在政治军事斗争中，都可以让你进可攻、退可守，看似平淡，实则高深。

案例

大智若愚的将军王翦

古人常说："大音希声，大象无形"，这其实是告诉我们，一个真正有智慧的人他总是谦和的，总是低调的，聪颖灵慧之人，必是谦和低调的，他们在五彩缤纷、诱惑繁多的世间，总是能够坚定自己前进的方向。

战国末年，秦国的势力越来越强盛，颇有一统天下之势。这年，他们和楚国又一次拉开阵势，准备大战。当时秦王任命了著名的将军王翦为大将，蒙恬做王翦将军的副手，率领了基本上是秦国所有军队的60万大军出征楚国，为了表示对此次战争的重视程度，秦王还特地到灞上之地，亲自为众将士送行。王翦手里拿着酒杯，另一手拿出一卷竹简，向秦王央求道："大王，我这里有一个竹简，上边列了一张单子，基本上都是咸阳城内好的住宅和咸阳边上比较肥沃的土地，我希望自己出征之前，您能将这些赏赐于我！"秦王听到王翦的要求不由大笑："将军你为了我们国家出生入死，难道我还会亏待你吗？"王翦回答道："按照咱们秦国的国家法律，我们武官就算是有天大的功劳也不能封侯，所以现在我趁着自己还有点用，才敢向您讨要一些东西，这些东西就当作财产留给我的后人吧！"秦王听了王翦的话，觉得王翦将军在打仗带兵上那是全国首屈一指的，但是却没有什么太高的人生追求。

王翦和蒙恬率领大军出发以后，没过几天王翦就派人找秦王要一些宅院或者是田地，这样要了五次，就连自己的副将蒙恬都看不下去了，蒙恬甚至还当面嘲笑王翦："将军您作为君王的臣子，总是管国君要这要那的是不是做得太过分了啊？"直到此时，王翦才对蒙恬说出实情："咱们君王一向多疑，从来都不会特别信任咱们这些下属。大王这次为了和楚国作战，居然将全国所有的军队都交给了你我二人，他怎么会放心呢？现在我管大王要这些身外之物，而且频繁地请封，无非是让大王觉得我胸无大志，只想一些眼前利益，只有这样他才能够不对你我猜疑啊！"蒙恬听了这样的话才恍然大悟。

常言说得好：大才华朴实无华，大智慧大智若愚。像王翦这样大智若愚可以说已经达到了常人难以达到的人生境界，只有在这种境界中，人才能在生活、工作等各种不同的环境中进退自如啊！

原文

世本无事，庸人自扰。唯通则简，冰消日皎。（《智囊全集》）

译文

世间本无事，庸人自扰之。只有通达的人，遇到事情才能化繁为简，就像太阳一出来，冰自然就融化了一样。

解读

“世间本无事，庸人自扰之。”聪明的人善于把复杂的事情简单化，而只有愚蠢的人才会把简单的事情复杂化。把复杂的事情简单做，不一定每个人都能做好，这需要智慧；而把简单的事情复杂化却是人们的一种常态，现实生活中，那些把简单的事情复杂化的人大有人在。

但每一个人每天都会面对许多复杂而又烦琐的工作，事情千头万绪，如果不学会把复杂的事情简单做，那只会让自己时刻陷入被动的局面，也会浪费很多不必要的人力、物力和财力。

把复杂的事情简单化，并不是不去考虑事物本质的复杂性。而是我们要以敏锐的观察和充分的思考将事物隐含的各种错综复杂的联系搞清楚，求得一种最简单、最科学的解决办法。遇到复杂的事情简单化处理，是一种智慧的选择，也是一种明智之举。

案例

杞人忧天

世上的事情看起来总是繁复的，但是聪明的人总能够从中看出端倪，将复杂的事情简单化，可是那些愚笨的人却总是看到事物表面的复杂性，从而自寻烦恼，成语“杞人忧天”讲的就是这样的道理。

古时候杞国有一个人，他天天担心天会塌下来，地要陷进去，要是有那么一天的话自己该怎么活下去呢？为了这件事情，他是吃饭吃不好，睡觉睡不好。同样是杞国的另一个人，听说了前边人的忧虑，就开始为这个人担心，他跑到那个人的家里开导他：“天都是聚集在一起的气体，你每天的呼吸空气，你每天的所有的行动都在空气里，也就是说你一天天的已经在空气里活动了，你还担心天会塌下来吗？”

这个人问道：“那天是气体的话，天上的日月星辰不会掉下来吗？它们要是掉下来了我该怎么办啊？”后人听到就又开导他说：“你说的那些日月星辰都是空气中发光的一些事物罢了，别说它们掉不下来，就是掉下来也不会有任何伤害性的。”

这个人又问了：“那你说天不会掉下来，可地要是塌了我可怎么办呢？”开导他的人就又一次地就这个问题回答道：“你难道没看到大地都是堆积在一起的土块吗？这些土块四处都是，没有什么地方没有填充满了的，你一天天地走路、跑动、跳跃都在地上活动着呢，大地怎么就会陷下去了呢？”经过这个人的解释，那个杞国人放下心来，从此以后才高高兴兴地生活了。

这个故事就讽刺了那些患得患失的人，古人说“天下本无事，庸人自扰之”，我们应该学习故事中的热心人，不要做现代杞人，每天都生活在一些不实际的自我烦恼之中。

原文

谗祸一也，度近之足以杜其谋；度远之足以消其忌。宜近而远，宜远而近，皆速祸之道也。(《智囊全集》)

译文

同样是遭到谗言的祸害，审度眼前的情况就足以杜绝别人的阴谋；审度未来的发展形势就足以消除别人的猜忌。该近的时候却远，该远的时候却近，这些都会加速祸害的降临。

解读

在遭到别人谗言诬告时，要根据情况做出相应的对策。有时需要审度眼前的情况，有时需要考虑未来的发展形势，该近的时候近，该远的时候远，做出明智的判断。很多聪明人能够保全自己，就在于他们在危急时刻，能够认清形势，懂得审时度势，正确估计自己。

任何事情的发展，在某种意义上都是在一定的大局之内，都是其中的一个局部，要想把事情做好，就必须认清大局，认清其中的有利条件和不利条件，根据事情的发展趋势，做出正确的判断。但凡能做大事的人，他们既能对现实有深刻的洞察，又能对未来有着准确的预期，对于不同的困境，他们可以通过巧妙的方法灵活应对，最终化险为夷。

案例

国共携手两次合作

在大的局势中，只有看清事情整体的发展方向才能够做出有利于事情向前发展的决策，在我国历史上共产党和国民党有两次亲密无间的合作，这都是从整个国家、国际形势出发形成的正确决策。

孙中山领导的辛亥革命的胜利成果很快被割据各地的军阀窃取了，加上各个帝国主义列强的压迫，当时全国人民生活在一片水深火热之中，“打倒列强，铲除军阀”成为了当时老百姓们首要解决的问题，在这种情况下，国共两党联手掀起了轰轰烈烈的大革命。这次两党的合作维持了三年半的时间，可以说基本上推翻了当时统治我国的北洋军阀的势力，同时沉重地打击了帝国主义的侵略势力；在一定程度上扩大了我党的影响力，尤其是帮助我党掌握了一部分革命武装力量。但是，国民党右翼势力的兴起使得这次合作破裂。

抗日战阵爆发以后，我党积极寻求与国民党合作的机会，在当时那种社会环境中，我们国家的实力比较弱小，要想和已经是帝国主义的日本相抗衡，就必须全国人民站在同一条战线上，利用一切抗日的力量，实行整个中华民族的大团结。我党以博大的胸怀包容对方，捐弃前嫌，站在国家、民族的大义上提出了和国民党的第二次合作，最后也终于建立了抗日民族统一战线。我党始终能以整个大局为工作的出发点，不计前嫌，认清了和国民党合作的有利一面——便于打击侵略者，同时也看到了不利一面——美国的扶蒋反共政策，但是在整个民族的利益中，我们始终坚持统一又独立，联合又斗争的原则。在这场世界反法西斯的战争中，我国人民基本上都能够从整个国际形势出发，与全世界的反法西斯势力结成一体，经过八年抗战，终于取得了抗日战争的伟大胜利。

在各种复杂的国际、国内形势中，我党的领导人总是能够高瞻远瞩，根据事情发展的不同阶段做出快速反应，这才使我们能够拥有现在幸福、安定的生活。由此可见，着眼于大局，使事态向着有利于我们自己的方向发展是多么重要。

原文

一日百战，成败如丝。三年造车，覆于临时。去凶即吉，匪夷所思。(《智囊全集》)

译文

一日之内上百次会战，胜负之机往往就在一线之间。花费三年的时间造好一辆马车，往往因为一刹那的疏忽就倾覆。洞见危机，趋吉避祸，真是让人难以想象。

解读

千百次的会战，胜负或许就在你的一个决策中，千百次的筹谋，成败或许就在你的一念之间。这一念之间，一个决策都需要我们在理智的思考下做出，才能获得满意的结果，才能在关键时刻化险为夷。

一个人的判断力有助于人们把握全局，系统并且深入地去分析问题和解决问题。在困境面前，可以利用已知的信息对未知的结果做决定，对事物的发展趋势进行方向性的把握，从而控制全局。

当然，一个人不是天生就会做出正确的决策和判断的，他需要通过不断的学习，经验的积累，才能形成正确的判断力，遇到事情才能做出正确的判断。判断力取决于一个人的理智和智慧，如果没有智慧和理智，就有可能意气用事，所以我们在生活中要不断充实我们的大脑，早日建立我们理智的判断力。

案例

刘国正力挽狂澜

所谓"养兵千日，用兵一时"，指的是一个人在关键时刻的表现。如果一个人经过不断学习和日常积累，那么他就会拥有正确的判断力，只有这样在千钧一发之际才能够力挽狂澜，我国历史上不乏这样的人物，就是在现代社会中也有这样的人出现。

第46届世乒赛于2001年5月在日本大阪举行，在男子团体的半决赛中，我国面对着老对手韩国队派上了以往对阵韩国机会比较大的三人——孔令辉、刘国正和马琳。面对着对方咄咄逼人的形式，小将刘国正发挥正常，在首盘中就战胜了韩国的吴尚垠，而当时也是小将的马琳也不负众望打败了那时候韩国的小将柳承敏，谁知道我们一号种子孔令辉当天发挥失常，先后输给了韩国的金泽洙和吴尚垠，这样第五场刘国正对金泽洙的比赛至关重要了起来。

从以往的交战情况来看，刘国正对金泽洙赢的机会并不算大，而且两人上来一交锋，刘国正很快就失掉了首局，也就是说刘国正整盘的形势都不容乐观，第二局，刘国正19比20落后，但是他很快控制了自己的情绪，艰难地反败为胜了。到了第三局，比分是那么的悬殊，金泽洙20比13领先，也就是说金泽洙的手中握有7个赛点，7个球换一个球的概率是多少，大家可想而知。在这种情况下，刘国正并没有放弃，他每次对对方来球的判断都极其精准，最后经过三个多小时的鏖战，刘国正顶住了压力，挽救了7个赛点，在决胜局以25比23险胜对手，上演了惊天的大逆转，也就是说通过刘国正临场的正确判断和镇定发挥，中国进入了决赛，中国有机会碰触那届的斯韦思林杯了！

正像赛后当时中国代表团团长李富荣说的那样："我自1961年参加世乒赛40年以来，这样精彩激烈的场面还是第一次经历。"这场比赛刘国正发挥了平时训练的技能水平，为我国的乒乓球事业画上了美丽的一笔。

刘国正之所以能够在关键的时刻顶上，在那么困难的情况下还能保持冷静的头脑进行准确的判断，都是因为他平时刻苦学习、努力锻炼的结果，倘若没有日常的积累，我想他是无论如何都不可能在困境中取得如此成绩的。

原文

事未可知，宜坐须其定。宰相走，则乱矣。若出不虞，逃将安适？人之所瞻，不可忽也！（《经世奇谋》）

译文

事情还没有弄清楚，最好还是坐等事态平定。如果宰相逃跑，局势就乱了。况且真的有大事变发生，能逃到哪里呢？宰相是众人所瞩目的，不可轻举妄动啊！

解读

在祸乱发生之时，大多数人都会像无头苍蝇一样到处乱撞，自乱阵脚，这时如果没有一个核心人物来主持大局，稳定局势，场面势必会发展到不可收拾的地步。而善于应变的人在这种情况下，往往更能体现出一种镇静，当事情发生之时，他们更多的是去平静地面对，冷静地分析事态，往往能够以静制动，后发制人。而不是在慌乱中轻易下判断，受制于人。

作为一个领导者，关键时刻的一个决定往往会关系到一个团队，甚至一个国家的生死存亡，所以在危难之时，能够以静制动，坐看深远，认清国际国内局势而有所作为也是应该的。这样不但可以少犯错误，稳定局势，而且可以更好地有所作为，为大众所信服。

案例

司马光砸缸

宰相是一个我国封建社会时期最为重要的行政长官，朝代的繁荣与否与他们为人为官水平的高低有着直接关系。

司马光是我国北宋时期著名的政治家、文学家和史学家，他主持编纂的《资治通鉴》和司马迁的《史记》并称“史学双璧”。司马迁为人正直不阿，做事勤奋刻苦，从小就有聪明智慧的美名，众所周知的“司马光砸缸”的故事就体现了他的镇定自若。

元末阿鲁图所著的《宋史》中记载，司马光小的时候，有一天和小朋友们在后边的院子中玩游戏，当时有一个小孩看到院子里有一口大水缸，心想这个大缸这么大，去上边玩儿玩儿一定很有意思，于是他就爬到了缸沿上，谁想到一下子失去重心掉到了缸里。大缸当时装满了水，眼看着那孩子就被水给淹没了。别的孩子一看这种情况，吓得六神无主，有的机灵的赶紧跑到前院去喊大人，只有司马光没有慌乱，他从地上捡起了一块大石头，使劲冲着那个大水缸砸了过去。水缸被砸了个大洞，缸里的水流了出来，里边的小孩得救了。司马光这么小的时候就沉着冷静，遇事不慌，真是有宰相风范。后来洛阳城内的人们还把这件事画成了图画，这个故事就这么不胫而走了。

司马光一生淡泊名利，虽然身居高位，显赫一时，但是从来都是勤俭治家，勤俭治国，他面对新党的时候以百姓的利益为自己政治的目标，遇见各种事情从不慌张，所以为世人景仰，去世之后更是为后人所推崇。

我们人生中难免面对各种不同的境遇，只有像司马光这样遇事不慌，泰山崩于前而面不改色才能成就大的成就啊！

原文

圆若用智，唯圜善转，智之所以灵妙而无穷也！（《智囊全集》）

译文

如果用智慧来求得圆满通达，万事都有转还的余地。才智如果运用得巧妙，达到的效果则是无穷的！

解读

对人要真诚，对事要明智；做人要方正，做事要圆通。凡智慧运用得巧妙，具备应变能力和通达能力，方能随机应变、圆慧通达，随时都能应对一些意想不到的情况和毫无准备的问题。如果思想僵化，缺乏应变思维水平，那么面对突然的变故，你只能手足无措，毫无办法。

巧妙运用你的智慧，可以增强你的应变思维，让说话做事圆满通达，但也要避免让你的“圆通”演变成为一种“圆滑”，一种“小聪明”，结果聪明反被聪明误，到最后只能丢失人生的根本。虽然两者只有一字之差，但本质上却有着天壤之别。所以，在运用你智慧的时候也要把握好一个“度”。

案例

“山中宰相”李泌

为人和处世是一个事物的两个方面，为人需要你方正，处世则需要你圆滑，只有这样你才能把握住机会又不失去气度。素有山中宰相之称的李泌，就是这样一个人物。

李泌是唐朝中期著名的人物，他极为神秘，和唐代四代帝王都保持了一种亦仕亦隐的师友关系，李泌通过自己的斡旋使得几代皇帝之间的关系比较缓和，保证了唐王朝在一定程度上的发展。

“安史之乱”爆发之后，唐玄宗出逃蜀地，太子李亨自己即位是为唐肃宗。二京被抢回来以后，新老皇帝之间的矛盾显现出来，这时是李泌出面协调了玄宗与肃宗的父子关系。肃宗曾经上奏尚在蜀地避难的玄宗，说现在天下已经平定，自己愿意放弃皇位再次回到东宫恢复自己的太子地位，李泌看到当时的情况就曾经断言玄宗不会回来当皇帝了。肃宗问李泌该如何是好，李泌说：“我和群臣上奏就说您想念父皇，希望父皇能够回来以让皇子尽孝道。”玄宗接到奏章以后坚持不回京。紧接着，李泌又上了另一道相似奏章，唐玄宗这才高兴地回到长安宫中当上了“天子父”。作为历经了各种政变的唐玄宗深知，即使是自己的儿子真心退位，那些在李亨手下立了大功的臣子从心里也不会愿意，权力再次交接很有可能会引起国家内部的另一场动乱。在当时那种前后为难的情况下，李泌可以说是洞察到了新老两代皇帝的心理，掌握了当时不同政治关系和显贵达人们的想法，从而做出了最适合大唐发展的合理安排。

肃宗正式即位以后，打算任命建宁王做天下兵马大元帅，李泌对肃宗说：“此职非太子莫属，因为太子只是虚名，兵马大元帅手握兵权，如若二者不能合二为一一定会造成政权分裂。”皇上采用了李泌的意见。后来代宗即位又是听从了李泌的主张，在建宁王遭谗言被杀以后封其为帝，既可以调节兄弟之间的关系，又保证了皇权的至高无上。

大家都知道，历来皇家内部的事情是最难容外人插手的，张良就一直奉行着“疏不间亲”的行事原则以保护自己，而李泌却身处玄宗、肃宗、代宗、德宗四代父子骨肉之间，几次出山又几次归隐，每当有关乎天下兴亡的大事的时候都仗义执言，不但挽救国家于危机之中，更是调和了皇家内部矛盾，如果没有大的智慧、绝对的胆魄那都是不可能完成的。李泌这种为人处世的方法是值得我们学习的。

原文

即矫情镇物，亦自难得，胸中若无经纬，如何矫得来？（《智囊全集》）

译文

一般人即使想故作安闲，以示镇静，也很难做到。如果没有成竹在胸，怎么假装得来？

解读

“世事沧桑心事定，胸中海岳梦中飞。”无论风云如何变幻，我们都要有一定之规，那就是把自己修炼得镇定自若。

一般而言，人们只要不是处在疯狂的状态之下，基本都能保持自制并做出正确的判断和决定。人们常说慌不择路，这句话是对的，慌则无法进行思考，也就无法理智地应付问题。

所以无论遇到什么事情，都要冷静、从容地面对，理智地思考，就会找到解决问题的办法，一切问题也会迎刃而解。

然而，这种遇事不惊、镇定自若的心态不是每个人生来就具有的，它需要生活的磨炼。从这个意义上说，冷静是一种修行，是人生的修行。毕竟只有保持冷静，才能全面思考选择。而这时的选择才是最佳状态下的正确选择。

案例

荣辱不惊卢承庆

在我们的人生中可能有风生水起之时，也可能有波涛汹涌之刻，但是无论你身在何处都应该能够做到冷静从容，做到荣辱不惊，唐朝初年的卢承庆就是一个这样的人。

卢承庆的父亲叫作卢思道，本来是隋朝要员，李渊起兵之后因其与李渊本来关系就好所以很快成为了唐朝的官员，被封为范阳郡公，卢承庆在父亲去世以后继承了爵位。太宗执政初年，卢承庆担任一个地方的参军，因为入朝中汇报军情清楚明晰，所以很快就被升官了，担任民部侍郎的时候，对皇上提出的关于历代户口的事那是知无不言言无不尽，皇上很是欣慰，就让他兼任检校兵部侍郎，后来又荣升到尚书左丞。

高宗即位以后，因为褚遂良诬告，卢承庆被贬为地方官，结果褚遂良还是指控他，他就再一次被贬。后来，高宗又再次提拔了卢承庆，最后又招进京城担任光禄卿。657 年，唐朝大破突厥军，卢承庆作为行管的官员进行了外事活动，两年以后，又被授予参知政事衔，成为了实质上的宰相。卢承庆在这个职位上又没有待多长时间，就参与了涉及前宰相长孙无忌的事情，他和其他几个宰相一起奉命调查，导致了长孙无忌的自杀。后来卢承庆被授予了比宰相还高一级的官衔。

谁想三年后，由于在对度支事务的处理上惹得皇上不满，就被免官了，后来又任了两个地方的刺史，最终又成为了光禄大夫，几年以后被任命为刑部尚书，等到他年老的时候上书皇帝希望还乡，皇帝批准以后还授予了他金紫光禄大夫。

卢承庆一生几次出仕高官，几次又遭贬，可谓是人生起伏不断，但是他无论是位极人臣还是被免回乡都秉承着自己一贯为人处世的方针，遇到低谷不生气，遇到高潮不开心，真正地做到了荣辱不惊，实在是我们现代人学习的楷模。

原文

小寇以声驱之，大寇以实备之。或无备而示之有备者，杜其谋也；或有备而示之无备者，消其忌也。必有深沉之思，然后有通变之略。微乎！微乎！岂易言哉？（《智囊全集》）

译文

碰到小贼寇，只要虚张声势恫吓一番就能退敌；遇到大贼寇，就必须有坚实的武力后盾才能与之对抗。本身没有实力，却虚张声势显示自己的武力，是为杜绝对方有蠢动的念头；的确有实力而极力掩饰，表现出毫无防备，是为消除对方猜忌的心理。是虚是实，必须先要有深沉圆融的思虑，然后才能变通自如。其中的微妙之处，却不是三言两语就说得明白的。

解读

对待对手是该用“虚”，还是该用“实”，是需要结合对手的情况和当时的情况具体来判定的，没有固定的原则，什么计谋合适，就用什么计谋，万不可生搬硬套，像赵括一样，最后受到伤害的还是自己。

就像遭遇盗贼，碰到小的贼寇，自己本身实力就比他们高出许多，别人必然会怀有惧怕之心，此时只须虚张声势恫吓一番就能退敌了，不必浪费一兵一卒。而遇到大的贼寇时，由于他们自觉实力很强，所以必然顽抗到底，而此时就要有坚实的武力给自己做后盾了。

如果自身没有实力，对方又不知底细，也可以故作强大显示自己的实力，使敌人畏惧，如果自己实力强大，也可以示弱于人，让敌人麻痹不加防备，落入自己预设的圈套。不管怎样，都是为了夺取最后的胜利，这些计谋在我们现在的生活中也是值得借鉴的，但是是用虚计还是用实计，就要具体分析了，必须先要有深沉圆融的思考，然后才能合理运用，打倒对手。

案例

死诸葛吓走活仲达

人们常说，兵者诡道也，当敌我双方相遇之时有的时候依靠着双方的军事力量，有时候却依靠的是智谋，所以孙子兵法讲究不战而屈人之兵，三国时期诸葛亮就是一位非常善于用兵的人。

诸葛亮去世以后，蜀国军队秘不发丧，当时杨义按照诸葛亮生前的部署行事，将其尸体放到了一个灵车的大盒子里，在军中精心挑选了300多名将士护送回国。司马懿见状就认为诸葛亮已死，所以率领大军追赶了上去。可是司马懿本性多疑，他在想是不是诸葛亮又是故意引自己前去追赶的呢？所以他在半路上犹豫了起来，直到派出去的探子夏侯霸等人回来，告诉他五丈原那里已经没有一个蜀军了，他还是将信将疑。司马懿率领着军队开往了五丈原，的确如探子所报没有蜀军的踪影，他又怕蜀军撤退不能打一场漂亮的胜仗，所以赶紧率领人马向前追去。

忽然，蜀军杀了一个回马枪，只见对方的军队如同潮水般地涌了过来，写有“汉丞相武乡侯诸葛亮”的大旗随风飘动，那个车上坐着的正是羽扇纶巾的诸葛亮。这下子司马懿就真的以为自己再次中了诸葛亮的计，立刻率领大军后退，一直跑了五十多里路才停下来。司马懿又派人去打探蜀军的消息，发现对方的军队早就撤得不见踪影了。而司马懿得到可靠消息知道诸葛亮这次是真的去世了的时候，蜀军早都已经全部退回到了汉中。司马懿在混战中见到的不过是按照诸葛亮的样子做成的惟妙惟肖的木像而已，真是后悔不迭啊。而从此以后，蜀国境内就多了一条流行谚语：“死诸葛吓走活仲达。”诸葛亮生前就已经断定了其身后之事，真是用兵如神啊！

摆脱了魏国大军追赶的蜀军这才放下心来，宣布了丞相诸葛亮已经与世长辞的消息，当时军队上下一片哀号，人人都痛哭流涕，传说竟有很多士兵食不下咽，想念丞相成疾，跟着诸葛亮死去了。

诸葛亮一生善于用兵，他以自己的聪明才智保证并不强大的刘备与曹操、孙权三分天下，又用其后半生致力于北伐事业，就是去世之前还运筹帷幄之中，当真是如后人所说的那样：生能决策扶刘氏，死尚遗言保蜀民。

原文

当命悬呼吸间，而神闲气定，款语揖让，从眉指目语外，另构空中筹画，歼厥剧盗，如制小儿。经济权略，真独步一时矣。(《智囊全集》)

译文

当张公命在危急时，仍能从容不迫，一面轻声有礼地和敌人周旋。一面暗中筹划，眉目传意，歼灭巨盗有如制服孩童，这种权术智慧在当时真是无人能比。

解读

事发仓促危急，人出于本能会惊慌失措。但惊慌失措非但于事无半点帮助，反而会添出许多的乱子来。所以，在紧急时刻，应临危不乱，处变不惊。以不变应万变，风动旗动心不动，以高度的镇定，冷静地分析形势，沉住气，要担当。那才是明智之举。

然而，要保持冷静的头脑首先就要相信自己的头脑，不要由于缺乏必需的力量，就否定一个可能的观念或构想。你要执着于伟大的，值得为之奋斗的构想，去克服遇到的各种难题。

要把不可能化为可能，就算你什么都没有。只要你肯花全部时间精力去开拓资源，那么对你而言，几乎没有事情是你办不到的。

案例

铁人王进喜

世界上的事情在大多时候好像都在难为你似的，在这种情况下要创造一些有利于自己的机会，等着别人为你铺路是永远都不会成功的。

当代著名诗人李季曾经写过这样的诗：“苏联有巴库，中国有玉门，凡有石油处，就有玉门人。”这写的是玉门这个地方的石油工人，在玉门当地众多的普通工人中就有我们国家现代化建设历史上著名的铁人王进喜。

王进喜出生在旧社会，幼时讨饭，少年时期给地主放牛，15 岁就到玉门油矿做工，中华人民共和国成立后，他就成为了我们国家第一代的石油工人，由于其工作积极、态度认真，曾经被评为了全国的劳动模范。后来当他得知我们国家在大庆发现了油田以后，异常兴奋，他主动申请去参加大庆油田的建设。

20 世纪五六十年代的时候我国整体经济并不发达，各个方面都是举步维艰。王进喜率队把玉门的石油工人带到了大庆，参加当地的石油大会战，面临着各种苦难他们没有退缩，大家发挥不怕牺牲的精神，用“人拉肩扛”的方法搬运和安装钻机，然后又开动脑筋想出了“盆端桶提”的原始方式运水，只有这样才能保证开钻。王进喜的腿在社会主义建设中早已负伤，可是他没有叫苦，不顾腿伤就跳进泥浆池，用自己的身体搅拌泥浆压井喷，当时就已经被称为“铁人”了。在技术上，王进喜也是非常下功夫的，他居然使用 40 年代的钻机打了直井，这在当时世界上都是不可思议的事情，所以他还有一个“工人工程师”的称号。

可惜，病痛无情地带走了他，1970 年 11 月 15 日，年仅 47 岁的王进喜因为胃癌医治无效逝世。虽然王进喜离开了我们，但是他的铁人精神却永远地传承了下来，这种“爱国、创业、求实、奉献”的精神是永远值得我们学习的。1989 年新中国成立 40 周年的时候，他和雷锋、焦裕禄等人被命名为“建国以来在群众中享有崇高威望的共产党员优秀代表”。

也许我们现在也会面临着很多困难，但是相对于五六十年代国家一穷二白的情况下进行建设的困难想来都不算什么，如果我们能够继承王进喜的铁人精神，发扬王进喜的钻研精神，肯把时间放在对困难的研究和对事物的钻研上，那么还会有什么能够阻挡我们前进的步伐呢？

防诈卷

第七

原文

经云:“将欲取之，必姑与之。”或厚币赠遗以中其贪，或卑辞推尊以骄其志。然后攻其无备，则破竹之势成矣。(《经世奇谋》)

译文

兵书上说:“想要得到他，就必须暂且给他些好处。”有的人用重金来送给别人以满足他的贪欲，有的人用卑微的言辞来推崇对方以使他的内心逐渐骄傲自满。然后趁对方还没有准备好战斗的时候发起攻击，就会以破竹之势取得成功。

解读

钓鱼是雅事，但必须使用鱼爱吃的钓饵。生活中常有这样的情形，只有先丧失，才会不丧失。“将欲取之，必先予之”，敌人要夺，就主动地让给他。别看在我手里是宝，给了敌人就像扔给他一个大包袱。而当敌人背上这个包袱以后，我们再要攻击他就容易多了。

其实，这是一种“舍”与“得”的平衡。舍得舍得，有舍才有得。舍弃一部分小利益，可以换取更大的利润。不肯舍弃一点儿小利益，也就难以获得更大的利润。

“将欲取之，必先予之”的智慧不仅是战争的智慧，也是经营管理的智慧，更是如何赢得人心的智慧，是为人处世的大智慧和高境界。“先予之”看起来是先给别人好处，其实自己才是最大的赢家。一分耕耘一分收获，只有你给予了别人好处，你才能获得别人更大的热情和扶助。人心是讲求互惠的，只有你满足了对方，对方才会满足你。或者是只有你满足了对方，你才能从对方那里得到更多的好处。

案例

儿皇帝石敬瑭

在不同的阵营，人们都有着各自的利益，双方之间的关系很多情况下是建立在既得利益之上的，只有懂得这个道理，在与人相争的时候才能够明察秋毫。

唐末的五代时期是一个天下大乱的时代，不同的政治集团之间充满了猜疑和利用，如何在这其中占有一席之位，各路豪杰可谓煞费苦心，有的与其他政治集团联合战斗，有的反叛出逃，还有的寻找外援，借兵称帝，其中一个很有名的“儿皇帝”石敬瑭就是这样。

石敬瑭年轻的时候是一个淳朴之人，他将战国时期赵国的大将李牧、西汉时期著名将军周亚夫作为自己的偶像，头脑灵活英勇善战，先后辅佐了李克用和李存勖。有一次李存勖和刘寻的军队相互对峙着，刘寻当时突袭了李存勖的军队，军情极其危险，是石敬瑭率领了十几个人杀入了敌营，其颇有一夫当关万夫莫开之势，从而遏制了敌人的进攻，保护了李存勖，也因为此战，石敬瑭美名远播。

石敬瑭的岳父是后唐的第二任皇帝李嗣源，是石敬瑭凭借自己敏锐的政治洞察力帮助李嗣源在后唐建立以及后来的政治斗争中生存下来并且劝其顺应时代的潮流当上了皇帝。这一切都说明石敬瑭具有过人的洞察力，但是他的这种优秀品格却在后边的政治生涯中开始转变。

后唐最后一个皇帝李从珂登基，石敬瑭时任河东节度使，但是君臣双方却有着很大的矛盾，在这种情况下，石敬瑭就决定起兵造反了。他先是有计划地叛变，然后又深知自己军事力量不足的情况，就向契丹人求助。世上没有白吃的筵席，所以契丹的出兵是有条件的，那就是要求石敬瑭割让幽云十六州，而石敬瑭居然同意了，他甚至管比自己小十几岁的耶律德光叫作父皇，以儿臣自居。这让石敬瑭在历史上变成了一个遗臭万年的皇帝。

在复杂的政治斗争中，没有任何人是会白白地支持另一方的，契丹人也不是傻子，他们之所以出兵就是看中了幽云十六州的广袤土地，对他们来讲，付出了一定的兵力而取得了更多的利益，何乐而不为呢？这正是应了“将欲取之，必先予之”这句话啊！

原文

道取其平，兵不厌诡。实虚虚实，疑神疑鬼。彼暗我明，我生彼死。出奇无穷，莫知所以。(《智囊全集》)

译文

走路要选择平坦的大路，用兵作战不排斥运用诡诈、欺骗的策略取胜。要虚中有实，实中有虚，才能让敌人疑神疑鬼，防不胜防。聪明的人能使敌人在暗处我在明处，所以才能我生敌死。出奇制胜，变化无穷，让人完全不知道所以然。

解读

在波诡云谲的战争中，是没有原则可讲的，一切以打倒敌人为目的，于是乎，战争中需要用到各种各样的计谋手段，很多时候要虚张声势，迷惑敌人，只有做到出奇制胜，变化无穷，才能掌握战争的主动权，获得最后的胜利。

我们身处的世界和人的内心世界也一样，变化多段、波谲云诡、难以把握，聪明的人懂得探求别人的心理世界，洞悉别人的诡计，然后出奇制胜，出其不意，攻其不备。

在人际交往中，我们说话办事，不仅仅要凭自己的本事和能力，还需要有一点眼力和心计，要善于凭借自己的智慧，掌控人际交往的主动权，看穿别人的心理诡计，避开一些陷阱，使自己能够避免挫折和损失，有效地发挥自己的影响力，顺利地落实自己的计划，获得事业上的成功、生活上的幸福。

案例

地道战

《孙子兵法》是我国古代军事家智慧的结晶，其中第十篇为“地形篇”，他讲的是要根据不同的地理情况随机应变，只有这样才能够取得胜利。基于这样的理论，抗日战争时期我国冀中平原上就出现了这样一种创造有利地形来打击侵略者的作战方法，这就是大名鼎鼎的“地道战”。

1939年，日本人的侵略步伐加快，很快占领了蠡县地区，他们惨无人道地制造了很多的血案，为此当地军民就开动脑筋，决定寻找一个能够躲避敌人突袭的好办法。后来经过党委研究、县委决定在各个村子里边都挖地道，这样使得家家相通，路路相连，村村相关。为了迷惑敌人，有的村还发明了连环洞，你要不知道真正的途径，可能就进入了机关中。

1941年日伪军进行了所谓的“五一大扫荡”，当时的地道刚刚挖好没有多久，游击队员们一个个的摩拳擦掌希望能够打敌人一个措手不及，敌人刚想进攻游击队员早已经钻进了地道，可是敌人刚想撤退，游击队员又不知道从哪儿钻了出来，直接将这伙伪军给歼灭了。这场战争极大地鼓舞了当地军民的抗战热情，这种打“地道战”的方法还被汇报到刘少奇那里。刘少奇很快做出指示，让当地军民根据实际情况、实际地形出发，把这个战术发扬光大。

于是整个冀中地区就都开始使用这种作战方法，最北边到达了北京的南郊，最南边到达石家庄北部地区，东边能到廊坊地区，西边可达保定中南部。1943年地道战进入了一个新的发展阶段，当时鬼子非常猖獗，利用一些汉奸找到我们地道的出口，还毫无人性地灌水、喷毒，面对着这样的困难情况，在党的领导下我们一次次地改进地道，一次次地和敌人做了顽强的斗争。尤其是清苑县冉庄一代的地道起了很大的作用，当地至今还保留了当年打鬼子时候挖的地道呢！

可以说冀中平原的地道战是当地人民根据地形在对敌斗争中形成的伟大创举，在我国抗日战争的历史上闪烁着灿烂的光辉！

原文

英雄欺人，盗亦有道；智日以深，奸日以老。象物为备，禹鼎在兹；庶几不若，莫或逢之。(《智囊全集》)

译文

英雄也可能欺负人，盗匪也可能有道义。智慧能日益变得深沉，奸诈也会日益变得老练。这些智慧应该像禹将神物和恶物铸在鼎上一样，集中在一起，加以了解和防备。如果自己知道不如，最好敬而远之。

解读

在生活和工作中，人们最不愿意遇到的事情就是冒犯小人。只要一旦冒犯了小人，那便会是非缠身，烦恼不尽。但生活中处处也不乏小人，他们善于造谣生事，为了达到自己的目的，不惜丑化他人，假借他人之口歪曲事实，无中生有。他们还善于表面功夫，花言巧语，关键时刻却背信弃义。

如果亲近没有道德的小人，听多了他们的花言巧语，见多了他们的见利忘义，自己的是非道德观念也会偏差，无形中会给自己带来极大的危害。遇到小人，最好的方法就是敬而远之，与他们保持一定的距离，尽量不要去招惹他们，更不要与他们发生利益瓜葛。所以，古人说“亲贤臣，远小人”是也。

案例

阮玲玉之死

人们常说“小人口如蜜，转眼如仇人”，的确是这样，在我们日常生活和工作中一定要亲君子，远小人，就算是不能真正地远离小人，也要争取少与其来往，以免产生不必要的麻烦。

阮玲玉是20世纪30年代时期的著名影星，她很早为了生活就进入了影坛，相继在上海明星影片公司、大众化百合公司主演了近20部影片，她所扮演的女性角色给当时的人们留下了深刻印象，这些形象中，有女工、有村妇、有妓女、有作家，人物都具有着悲惨的身世，经历也都坎坷，结局都很悲惨，尤其是在《神女》中塑造的母亲形象更是出神入化。阮玲玉端庄大方，在艺术上极具天分，具有着卓越的才华，但就是这样一位艺术家在其25岁的时候居然选择了用自杀的方式结束自己的生命，究其原因与其人生经历有着莫大的关系。

阮玲玉15岁的时候就和自己母亲做保姆的东家的少爷张达民同居了，张达民作为一个大家庭的少爷并不具有太多的谋生能力，阮玲玉为了两人的生计就开始抛头露面，在与其同居了8年之后，她认识了唐季珊，并很快被唐季珊的魅力所吸引，两个人很快就住在了一起。穷困潦倒的张达民看到一个比自己更有钱更有实力的男人和阮玲玉走到了一起，整个心绪都被嫉妒和恨控制了，他开始用无赖的方式缠上了阮玲玉，这时候的张达民简直就是一个恶棍，他开始向阮玲玉敲诈钱财，一要就是五千块。遭到拒绝以后，张达民一纸诉状将阮玲玉告上法庭，说阮玲玉当年在他们家住着的时候偷了张家的东西，并且将这些东西送给了唐季珊。

这个时候的唐季珊没有多管阮玲玉，而是自己又反告了张达民，还要求阮玲玉在报纸上声明他唐季珊是被冤枉的，声明两人同居期间经济上是独立的。阮玲玉因为对唐季珊无从了解，或者说还没有认清他的真面目，全都一一照办了。最后在当时世人不理解的嘲讽中，阮玲玉周旋于两个无赖男人之间无路可走，终于走上了自杀的道路。

阮玲玉的死虽然和当时的社会环境有着不可分割的关系，但是更重要的是她遇人不淑，前后两个男人全都是自私自利的小人，在这样的生活中一个弱女子只能选择结束自己的生命。当代，我们所处的时代是幸福的，但是在这样的时代中依然有小人存在，希望大家以前人为鉴，还是离小人远一点儿的好！

原文

尧趋禹步，父传师导。三人言虎，逾垣叫跳，亦念非仪，虞其我暴。诞信递君，正奇争效，嗤彼迂儒，漫云立教。(《智囊全集》)

译文

大禹学习尧走路的步伐，这是父亲和师长的言传身教。三个人都说老虎来了，其他人就跳墙逃走，要考虑一些不正确的标准，也要防备别人对我施暴。荒诞与真诚要交替运用，正统的和奇特的计谋要争相效仿，那些迂腐儒生很可笑，总是喜欢漫无边际地说教。

解读

谎话或流言如果被人反复传播，就有可能使人们把本来不存在或不真实的事情当作存在和真实的了。所以一个人对别人说的话不可妄信，即使有很多人都这么说，也要透过表面看到问题的本质，学会明辨是非，以免被坏人蒙蔽。对于前人的经验和成果，我们也要辩证地去看待，如果不加选择地照本宣科，难免会让人觉得迂腐。

现在的社会多姿多彩，但也充斥着各种诱惑，人们对这个社会的认知也是五花八门的，如果你没有一定的社会感悟，没有正确的是非观，就有可能被人利用，误入歧途。所以我们每行一步，都要三思而行，明辨是非曲直、善恶奸佞，这样才会少些麻烦，少些苦恼，少些灾难。

案例

三人成虎

世上本有许多流言蜚语，如果你秉承着“清者自清”的原则处事，有时候可能就会被别人误会，因为“以讹传讹”的事情很多，因为谎言被人反复述说之后很多人都以为这就是事情的真相了。

战国时期，各个诸侯国之间为了表示相互信任，通过互换人质的方法维护双方的利益，当时魏国要派太子去赵国的都城邯郸做人质，就派了一个叫作庞恭的大臣跟随太子前去赵国。庞恭害怕自己走以后长期不在魏王身边，等自己回来以后得不到君王的信任，于是就特地跑到宫中去问国君：“大王，如果有人跑来跟您说，大街上出现了老虎，您会相信吗？”魏王立刻回答说：“我当然不会相信了。”庞恭接着问道：“如果这个时候又跑来一个人气喘吁吁地告诉您说大街上有老虎了，这回您相信吗？”魏王听了以后略微迟疑了一下说道：“这个时候我就将信将疑了！”庞恭步步进逼，说道：“如果说有第三个人来了也跟您说，大街上出现老虎了，这个时候您相信吗？”魏王这次没有迟疑，一边点头一边说：“嗯，这个时候我就相信了啊！”

于是庞恭对魏王说：“这条大街上本来是没有老虎的，但要是有三个人告诉您说大街上出现了老虎，您就相信了。现在我要陪同太子去邯郸城做人质了，那里和咱们都城大梁的距离比起王宫到大街上的距离远多了，我走以后背后向大王您议论我的人肯定比三个要多，我说这个三人成虎的故事就是希望大王您能够在别人说我的时候明察秋毫，不要轻易相信别人说我的坏话啊！魏王听了以后立刻明白了庞恭的意思，他对庞恭说：“你放心地陪太子去邯郸做人质吧，我知道了！”可是事实就像庞恭说的那样，他去了赵国没有多久，就有人开始说他的坏话，刚开始的时候魏王还想着庞恭的话，并不相信那些人，可是说的人越来越多，时间越来越久，魏王也就相信了。而太子结束人质生活回国以后，魏王就再也没召见过庞恭，更别提重用他了。

鲁迅先生曾经在《三闲集·述香港恭祝圣诞》中说：“群言淆乱，异说争鸣，众口铄金，积非成是。”这讲的正是流言的危害啊！

原文

三人皆在林甫掌股中，为所玩弄而不知。信奸人之雄矣！然使适之不贪富贵之谋，挺之不起大用之念，卢绚不惮交、广之远，则林甫虽狡，亦安所售其计哉？愚谓此三人之愚，非林甫之智也。(《智囊全集》)

译文

（李适之、严挺之、卢绚）三人都被李林甫玩弄于股掌之间，他们被玩弄了自己却还不知道。李林甫可以说是一代奸雄！但是如果李适之没有贪求富贵的想法，严挺之没有想要被重用的念头，卢绚不怕交、广两州地处偏远，那么即使李林甫再狡猾，他的奸计也没有办法得逞。所以我认为是这三个人太笨，而并不是李林甫聪明。

解读

李适之、严挺之、卢绚轻易暴露自己的弱点，被李林甫排挤出了朝廷，终身不得重用；而李林甫善于运用权谋攻击他们的弱点，从而独得皇上的专宠。从这里可以看出，那些常常把自己的弱点暴露出来的人其实是非常愚蠢的人。

人际社会比较复杂，什么人都有，所谓人心叵测，不要轻易相信别人，也不要轻易暴露你的弱点或不幸，有道德的人会同情你帮助你，可一旦被一些心怀不轨的人得知，他们则会利用你的弱点攻击你，让你一败涂地。特别是对于陌生人或者不必深交的人，一定要学会包装自己、伪装自己、掩饰自身的弱点，把自己的优势展示在别人的面前，那么在别人的眼中，你就是一个强者，别人也就不敢对你耍小聪明了。而那些轻易就把自己的弱点暴露给别人的人，有些心怀叵测的人，就会抓住你的弱点进行攻击。

所谓的弱点，像懒惰、疾病、贪婪、欲望等都是。而在这些弱点中，把自己的弱点暴露出来，就是人性中最大的弱点。

案例

宋江的弱点

每个人都不可能是十全十美的，都有着自己的弱点，一旦这个弱点被别人掌握就往往被人利用，从而让你成为了他棋盘上的一颗棋子。

宋江，是我国四大名著之一的《水浒传》中的主要人物，他本来还是郓城县押司，后来被逼上梁山。他性格沉稳，仗义疏财，又有一定的指挥能力，所以在晁盖死后就坐上了梁山的第一把交椅，人称“及时雨”。当时朝廷多次出兵围剿梁山，可是都被梁山好汉一次次地打败了，但是后来宋江因为个人的性格原因和认识程度，只是反对贪官污吏而并不反抗皇帝的统治，所以在朝廷给予其优厚条件以后，宋江率领着梁山好汉归顺了朝廷。

宋江的大军被朝廷招安以后他们帮助朝廷北上抵抗辽国的进攻取得了重大的胜利，辽国因为梁山好汉的英勇主动投降了大宋。后来，宋江又率领自己的弟兄们讨伐了王庆、田虎，不但大获全胜，而且不少一将，为力保大宋江山的稳定不失立下了汗马功劳。

后来，他们又奉朝廷之命前去与方腊征战，这场战争中梁山好汉拼尽全力，损失惨重，最后108将仅仅剩下了27个人回来，朝廷给他们封官赐爵。这之后，宋江不容于奸臣蔡京、高俅，两人商议之后意欲下毒害死宋江。宋江喝下了毒酒，知道自己死后李逵必定造反，这样就会坏了自己“忠义”的名声，于是哄骗李逵也喝下了毒酒。传说宋江死后，还托梦给吴用和花荣，让他们前去廖儿洼，两人一前一后到了宋江坟前，都暗自心惊，双双上吊自杀了。

梁山好汉108将基本上都是被当时社会环境所逼才走上了所谓“造反”的道路，他们之间重义气，讲原则，杀贪官，救百姓，轰轰烈烈地在当时创下了一番事业。然而，由于宋江没有认识到那个时代封建统治的根源，所以一心想“师出有名”，朝廷正是看准了宋江的这一特性，才会对其实施招安。而事实证明，宋江对于招安是欣然应允的，从此以后他带领着自己的弟兄为朝廷卖命，最后使得大家走上了一条不归路。

人终归是有弱点的，是有自己认识和行为上的不足的，似宋江这样的盖世豪杰也不例外。当今社会中的我们也不例外，所以我们要事事谨慎，处处谨慎，只有这样才能避免弱点的暴露，才能避免别人利用我们的弱点。

原文

人或忠厚太过，既无亿逆之念，又无先觉之明，卒堕于口蜜腹剑而至于颠跻者有之。(《经世奇谋》)

译文

人有的时候太过于忠厚，既不会去揣测别人的心意，也没有先知先觉的明智，最后难免会落入那些口蜜腹剑的人设计的圈套，以至于从高位上跌下来。

解读

做人老实本分，不惹是生非本没有错，但任何事情都有一个度，一旦过了火，事情就会走向反面。一个人如果太老实了，不懂得人情世故和变通，就是一种木讷、一种保守了。太老实的人只知道按部就班地生活，没有创新和独立自主的能力，一味听信他人，到最后就算被别人算计了也不知道。

所以，做人不能太老实，要敢于怀疑、勇于挑战。面对事情要独立自主地分析，做出最优的选择。也不要随便听信他人，更不要因为他人的权威而放弃自我，忍气吞声。在需要的时候，还要有一点心机，俗话说："害人之心不可有，防人之心不可无。"懂一点心机并不是要去算计别人，而是运用自己的智慧巧妙地化解身边的危机，这样才能保护自己不受伤害。

案例

大智若愚洪七公

古语有云:“害人之心不可有，防人之心不可无”，这告诉我们在与别人进行交往的过程中要怀着一颗赤子之心，但是世上并非人人都是好人，所以还要对人怀有提防之心，以免被人暗算。能在做不害人和防人这两者之间找到一个契合点是很不容易的，金庸先生在其著名小说《射雕英雄传》中就塑造了一个这样的完美的人，他就是“九指神丐”洪七公。

洪七公是一位真正的大侠，天下英雄都非常敬仰他。他一生为人正直，从来不会去做伤害别人的事情，他敢对别人说自己这一生中所杀之人都是该死之人，从没有冤杀过一个好人，就冲这点江湖中大多数人就与其相差甚远。不但如此，洪七公还非常机智，他善于观察，不会用蛮力，善于在自己有危机的时候用智慧解决问题。

洪七公一众人等坐着黄药师准备为妻子殉葬的花船来到海上，洪七公不慎中毒，为了迷惑欧阳锋，他让郭靖默背了颠倒的《九阴真经》，自己在船上骗吃骗喝，开心自在。花船不能承受海浪侵袭，开始破裂之时，本来洪七公已经逃过了一劫，但是他看到欧阳锋命在旦夕，感念于其不失为一代武学宗师救了欧阳锋的命，可是欧阳锋作为“老毒物”是不会似洪七公这样仁义的，他反过来将洪七公打伤了。

一众人等随波逐流先后聚集到一座荒岛，这时候洪七公武功尽失，他又是依靠智慧多次化险为夷。在岛上，洪七公一方有郭靖、黄蓉，但是这三人在一起的实力也抵不上欧阳锋一人，欧阳锋对这边虎视眈眈，此时如何稳住对方就成了大家生存的一个基础性保障。郭靖黄蓉以《九阴真经》中疗伤的法子作用于洪七公，希望自己的师父能够恢复以前的神通，但是这毕竟不是一日之功，为了让欧阳锋投鼠忌器，洪七公事先让郭靖以内力震断几棵碗口粗的大树的经脉，第二天与郭靖在林中过招，刻意将郭靖打倒，顺便击断那些树干，欧阳锋以为洪七公恢复了功力，当真不敢再存毒害之心了。

这事不过是洪七公依靠智力化险为夷的小小事例，在其一生中这样的例子是数不胜数的，他的这种为人处世的能耐值得我们学习。当今社会的形势复杂万千，一定要摆正自己的心态，老实做人，更要擦亮自己的眼睛，以防不测。

原文

若能粪金，尚须乞钱耶？其伪甚明！而竟为贪心所蔽。“利令智昏”，信哉！（《智囊全集》）

译文

如果铁牛拉出的粪便真的是金子，那么道士又何必再沿街乞讨呢？这分明就是一个骗局，而这家主人竟被贪欲所蒙蔽。这样看来，“利令智昏”这句话果真不假。

解读

一个人如果唯利是图、利欲熏心，往往会丧失理智，做出愚蠢的事情来。

现实生活中，人们常常容易被眼前的利益所诱惑，为了贪图一己之私利，可以昏昏然地丧失起码的理智和基本的行为准则，什么坏事都敢干，进而走上一条不归路，到头来害人又害己。

古人常说“淡泊以明志”“无欲则刚”。只有看清世俗的名利，才能明确自己前进的方向，也只有没有了世俗的欲望，才能无所畏惧，什么都不再害怕，这虽然不是一般人所能达到的境界，但我们却可以逐步锻炼自己清醒的头脑和抵御诱惑的能力。

而我们只有在任何时候、任何情况下，都多一分清醒，多一点理智，千万不可利令智昏，才能在物欲横流的世界里保留心中的一方净土。

案例

利令智昏的故事

古人常说人为财死，鸟为食亡，这就是说人们经常为了一些利益而丧失自己应有的品格，一心地只想着为自己谋利，这样一定不会得到什么好的结果。战国时期著名的四公子之一的平原君和他的君主赵孝成王就是只贪图眼前的利益，最终导致了国家的灭亡。

赵孝成王四年，韩国准备将上党一带割让给秦国，当时韩国的大将冯亭不愿意投降，就把上党十七座城池献给了赵国，希望赵国能够抵抗强大的秦国。赵孝成王看到自己平白无故地就能得到广袤的土地，很是开心，他和平原君商议的结果是可以接受对方的城池。赵王派了亲信平原君前去接受这块到嘴的“肥肉”，引发了赵和秦之间的战争。战争初始，赵王命令老将廉颇率兵驻守长平，但是很快赵孝成王就中了秦国的反间计，以只会“纸上谈兵”的赵括替代了廉颇，使得在长平一战中赵军全军覆没，秦军还进入了赵国境内，包围了赵国都城邯郸。

在这种国难当头的时刻，赵国向魏国求救未果，平原君就在自己门下客毛遂的帮助下到了楚国请求支援。在和楚国达成协议的过程中，魏国的信陵君也准备在门客的帮助下偷魏王的兵符挽救赵国。但是，平原君赶回国内的时候，两国的国君还没有到达，同时秦国的军队还加紧进攻，邯郸城眼看不保。赵人李同向平原君提意见说道：“现在国家命运危在旦夕，可是您家里的那些姬妾下人几百人却穿好的、吃好的，这让城内的人怎么想呢？不如让夫人以下的人都前去守城，把你的钱财都用来守城啊！”平原君听了李同的话散尽家财都用来犒赏军队，李同率领敢死队员三千多人将秦军击退，李同殉国。此时，楚国和魏国的大军终于赶来了，邯郸之困才算真正解除。

平原君在战国时期有着极好的名声，他仗义疏财，爱护国家，但是却和赵孝成王两人只图得眼前的小利，只注意到上党地区的广袤，没有看到此事背后隐藏的利益关系，最终使得赵国主力部队尽数被秦国大将白起活埋，直接导致了赵国实力下降，险些做了亡国之人，这可真是捡了芝麻扔了西瓜！司马迁在《史记》中对平原君和赵孝成王的评价是“利令智昏”四个字，这真是一个具有敏锐洞察力的历史学家对其二人一针见血的评价啊！

原文

以舍利取人，即有借舍利以取之者；以神道困人，即有诡神道以困之者。无奸不破，无伪不穷。信哉！（《智囊全集》）

译文

僧人借舍利子向信徒敛财，到头来却遭人用舍利子勒索；女巫用神道愚弄百姓，到头来却被反神道的人所愚弄。因此，世上没有破不了的奸计，也没有揭不穿的虚伪，这是千真万确的。

解读

古时的僧人、女巫抓住人们求神心切的弱点肆意敛财，岂料害人终害己，到头来自己反而被自己的奸计所惩罚。

其实在我们的生活中也不乏这类人，他们自私、偏狭，利欲熏心，为了满足自己的私欲，经常玩弄一些阴谋诡计，唯恐天下不乱。其实这些人是很遭别人厌弃和反感的，特别是当他们的奸计和阴谋暴露时，人们往往就会群起而攻之。对于我们自身来说，万事不要利字当头，也不要因为个人的私欲、私利而干出违背良心的勾当，因为一切的奸计和虚妄都终有破灭的一天，到时终将会害人害己，成为别人眼中唯利是图的小人。而对于那些喜欢耍弄权谋和诡计的人，我们要善于识别，识小才能识新，识心才能防人，只有这样，才能让自己少受一点伤害或者不被伤害。

案例

西门豹治邺

古代的时候，人们对一些自然事物知之不多，难免会归结于鬼神之道，这就出现了一些专门以此为生的人，巫婆是之，神汉是之。有的时候，这些人明明知道自然现象并非鬼神之力，但是他们却还在欺骗老百姓，所谓的"通鬼神"就成了这些人敛财的方式。可是多行不义必自毙，他们也会为自己的不良行为付出代价，西门豹治邺讲的就是这样一个故事。

西门豹是战国时期魏国人，他曾经出任邺城的县令，一到该地，他就会集了地方上品德高尚的人，问他们该地老百姓最痛恨的事情是什么。这些人说道："我们每年都要给河伯娶媳妇，老百姓们都不堪重负，我们这里因为这事儿是民不聊生啊！"西门豹详细地询问了相关情况，原来这里有传说，认为只要不给河伯送去美丽的姑娘，河伯一生气就会发大水了。所以一些官员每年都要以河伯娶妻为由向老百姓征收很高的赋税，有的时候能够征到几百万钱，但是他们仅仅为河伯娶妻花费二三十万，剩下的都和那些巫婆、神汉分掉了。而且一到河伯娶妻的时候，他们还会派人到各家各户去查看，要是有好看的女子，就说这个女子应当嫁给河伯。然后开始准备一些婚嫁的东西，最后让那个女孩子坐在一个可以漂浮的帐子里，将其浮到河中央。现在这附近的百姓，谁家有漂亮女子谁家早就跑得远远的了，而邺城的人口就越来越少了。

西门豹对他们说："等到了河伯娶媳妇的时候，你们告诉我一声，我去看看到底怎么回事儿。"这些人都应允了。到了为河伯娶媳妇的那天，西门豹、当地的官员、有钱有势的人、父老乡亲们都来了，西门豹看到女巫是个70多岁的老婆子，身后站着几名穿着漂亮的女弟子，西门豹说："把给河伯的妻子带出来我看一看。"那个女孩走了过来，西门豹看了一眼就说："这个女孩长得不漂亮，麻烦大巫婆您去帮我禀告一下河伯，过两天我亲自给他选择一个漂亮的去。"就这样他派人将这个大巫婆扔进了河里。等了一会儿，西门豹说："怎么这么半天都没有回来呢？赶紧派她的弟子去催促一下吧！"他一共扔了三个小巫婆进去以后还是没有回音，西门豹又说道："刚才去报信的都是女的，说话不够分量，要不再派几个男的去说一下。"说完就把三老扔了进去，又过了一会儿，西门豹说："你们看他们汇报事情总也回不来，怎么办呢？”话音刚落，吓得那些心中有鬼的人跪在地上使劲磕头。从此以后，谁也不再说给河伯娶妻了。

这个故事里的神汉、巫婆蒙蔽百姓，最后被西门豹识破了。西门豹以其人之道还治其人之身正体现了其大智慧。这个故事同时也告诫我们，不要为了自己的私利就随意玩弄他人，否则厄运自会在前边等待着你。

原文

无故而我结者，必有以用我矣。(《智囊全集》)

译文

无故去结交一个人，一定是因为那人对我有用处。

解读

如果有人没有什么原因地突然去结交于你，那你就应该有所警惕了，因为这种动作表示他可能对你有所图！碰到突然升高热度的友情，一定要冷静待之，保持距离，这样才不会被烫到！

要分析这种“友情”是否含有“企图”并不难，首先是看看自己目前的状况，是否握有资源，例如有权有势。如果是，那么这个人有可能对你有企图，想通过你得到一些好处。如果你无权也无势，但是有钱，那么这个人也有可能会向你借钱，甚至骗钱！如果你无权无势又无钱，那他就可能是想利用你这个人来帮他做些事。

对于这样的人，就算你已看出对方的企图也不可立即回绝，否则很可能立即得罪一个人。但也不可迫不及待地迎上去，因为这会让你抽身不得，抽了身又得罪对方。好比男女谈恋爱，回应得太热烈，有时会让自己迷失，若突然斩断“情丝”，则会惹恼对方！此外还要注意不动情，因为一动情就会失去判断的准头，不如冷静地看他到底在玩什么把戏，并且做好防御，避免措手不及。

案例

吕不韦奇货可居

我们在平时的生活中，有可能碰到这样的情况：有一个平时和自己没有什么关系的人忽然对自己很好，会和自己称兄道弟，这个时候我们就要提防此人，因为这种“友情”可能是怀着一定目的的。

战国末年各诸侯国之间为了表示与对方的友好关系，国君经常选择自己的儿孙到一些国家做人质，秦昭襄王当时让自己的孙子异人到赵国做人质。一日，异人走在大街上被当地一个叫作吕不韦的商人看见了，吕不韦认为这个异人有很大的前途所以就开始与其交往，他还对别人说：“异人是一个奇货啊，我先把他囤积起来吧，今后一定能做成一笔大生意。”

有一次，吕不韦和异人等人一起喝酒，酒过三巡吕不韦就趁别人不注意的时候问异人：“秦王已经老了，你的父亲安国君是太子，今后一定可以登上王位。安国君最宠爱的是华阳夫人，但是她又没有自己的亲生儿子，现在你的兄弟有二十多个，谁也没有得到过你父亲的欢心，您应该趁机回国去找华阳夫人，做她的儿子才好啊！”异人听后觉得吕不韦说得颇有道理，就答道：“您要是能救我回国，将来我若有大的成绩一定不忘记您今日的恩情。”

吕不韦动用了大量的人际关系，然后花了大笔的金钱，果然使异人回到了秦国，在吕不韦的帮助下，异人在咸阳很快得到了华阳夫人、安国君甚至是当时还在位的秦昭襄王的宠爱，过了几年异人顺利地成为了秦国国君，异人也没有食言，他立刻将吕不韦招进秦国封其为丞相。异人去世以后，其儿子嬴政即位，这就是后来的秦始皇。

这个故事里的吕不韦之所以要与没有什么关系的异人交往，并且全力帮助其回国、继位，都是出于自己“奇货可居”的目的。的确如此，吕不韦怀着自己的目的与人交往，最终获得了他所想要得到的利益。所以我们古人常说“无功不受禄”，我们要有吕不韦这样的眼光，当然也要提防身边人无端的好意。

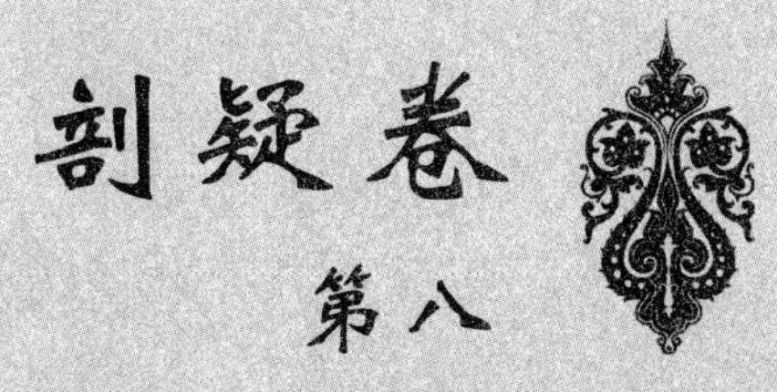

剖疑卷

第八

原文

子云“智者不惑”。其答问智，又曰:“敬鬼神而远之。”然则易惑人者，无如鬼神，此巫家所以欺人而获其志也。今夫人鬼共此世间，鬼不见人，犹人不见鬼，阴阳异道，各不相涉。方其旺也，两不能伤。及其气衰，亦互为制。惟夫惑而近之，自居于衰而授之以旺，故人不灵而鬼灵耳。(《智囊全集》)

译文

孔子说:“聪明的人凡事不会疑惑。”他的回答说的是智慧，又说:“尊敬鬼神，但是要远离它们。”然而最容易迷惑人的还不是鬼神，而是巫人用来欺骗人而获利的手段。当今人鬼共处于世间，鬼见不到人，就好像人也见不到鬼一般。阴阳不同道，彼此不相关联。当他们气旺时，双方都不会受到伤害。等到他们气衰时，也互相牵制。只有迷惑鬼神而去接近鬼神的人，自己甘心居于气衰的境地，而给鬼神有压制自己的机会，所以人才会有人不灵而鬼灵的说法。

解读

在这个世界上，能迷惑我们的东西有很多，显赫的声名地位、充裕的财富金钱，甚至他人的甜言蜜语、恭维尊敬都可以迷惑我们。但如果你是一个聪明的人，就能看透这些事物背后的虚妄是不会长久的，因此也就不会被迷惑。

一个真正有智慧的人，做什么事情都会考虑周全，一切的后果都在他的意料之中，所以他们在开始之前都会极力地避免可能出现的问题。所以在我们心有迷惑的时候，如果寄托于鬼神之说是愚蠢至极的，用智慧去解决问题，那才是没有什么难题是解不开的。

案例

女皇武则天

人生在世会遇到各种各样的诱惑，有的人很容易被迷了心智，有的人却能够根据自己的判断力，运用超人的智慧去面对迷茫，从而走出辉煌的人生。

武则天是我国历史上唯一的女皇帝，她脑筋灵活，善用智谋。初入皇宫，作为李世民的才人，她为了引得李世民的注意就驯服了一匹非常难以掌控的马，使得皇上对其刮目相看。后来太宗得病，太子李治时常到床前侍奉，陪在一边的强势的武才人就和天性懦弱的李治一见钟情，而聪慧的武则天很快就预测出这是其人生发生重大转折的机会。

太宗皇帝去世，作为太宗才人的武则天就被派到感业寺带发修行，此时她想尽一切办法回宫，而唯一的回宫希望就是依靠已经成为皇上的李治了。大唐律例规定，老皇上去世一周年的时候，现在的皇上要带领满朝文武和后宫三千佳丽来到庙里祈福，就这样李治再次和武则天相会了。本来将先帝的妃子接回宫中是一件比较难的事情，但是李治却得到了皇后王氏的支持。原来，李治在后宫独宠萧淑妃，这让皇后十分不满，她想要是自己能够将武则天接回宫中，皇上和武则天一定都会感激自己这个恩情，同时也可以杀杀萧淑妃的气焰。但是，王皇后缺乏一定的聪明头脑和相应的政治手段，她没有想到真正的劲敌正是自己千方百计帮皇上召回宫内的武则天。

武则天是极其聪颖的，她刚刚回宫的时候知道自己今日地位来之不易，所以表现得很是谦逊恭敬，不但皇上喜爱她，就是王皇后也觉得自己找到了一个得力助手。武则天的肚子很是争气，她很快就怀了龙种，并且一举生下一个男孩，而这也为其确定了不可动摇的后宫地位。当武则天借王皇后之手除掉萧淑妃以后，整个后宫中唯一能够威胁到她地位的就是那个当时接自己回宫的王皇后了，此时武则天又依靠其智谋打败了王皇后。据野史记载，武则天曾经亲手杀死自己尚在襁褓中的长女以陷害王皇后，使得皇上终于下定决心废掉王氏，从而立了她为后。高宗的软弱刚好需要强势的武则天来辅佐，所以他越来越离不开武则天，在武则天从感业寺回到宫中不到十年的时间内，高宗基本上是专宠武后一人的，武后一口气生下了四男两女，这使得其在政治中的地位越来越高了。

后来武后与皇上共同执政，称为二圣，等高宗皇帝去世以后，她又一手策划了各种政治事件终于登上了皇帝的宝座。武则天作为我国历史上独一无二的女皇，面对着人生起伏和各种政治旋涡，一次次地依靠自己的智慧化险为夷，由此可见聪慧的人是容易走上成功之路的。

原文

讹口如波，俗肠如锢。触日迷津，弥天毒雾。不有明眼，孰为先路？太阳当空，妖魑匿步。（《智囊全集》）

译文

口中的谎言就像波涛一样，一肚子的坏水就像痼疾。漫天的毒雾迷蒙住了双眼，没有明亮的眼睛，又怎么知道先前的路在哪里呢？就像太阳一出现，妖魔自然就消失不见了。

解读

在这个世界上，世俗的东西太多了，如果你没有一双能够洞察是非的眼睛，那么你就会像生活于迷雾中一样，永远看不清自己该走的路，找不准前进的方向。而如果你能从我们日常生活中常见到的事物中，先知先觉地发现问题的所在，那么你就能抢得先机。

在与人交往中，人们往往不愿袒露自己的真心，但是，他们的真实意图总是会不经意地从他们的一举手、一投足间流露出来，所以我们可以从这些细节去辨明他们内心的真实想法，从而掌握主动权，那我们在任何场合都会游刃有余，永远立于不败之地。

案例

察言观色

那英曾经唱过一首歌叫作《雾里看花》，这是中央电视台1994年“3·15”晚会的主题曲，旨在号召人们在繁杂的消费品中识得“真金”，所以她唱道：“借我借我一双慧眼吧，让我把这纷扰看个清清楚楚、明明白白、真真切切……”人与人的交往与此相似，我们也需要睁开我们的慧眼，才能够察言观色，做出正确的判断。

明朝年间，杨荣与杨士奇同是当朝的宰相，杨荣当年曾经跟随明成祖朱棣远征蒙古，立下了赫赫战功，做事又老成持重，善于谋划边防战事，所以皇上及其喜爱他，还亲自将其名字改成了现在我们看到的“杨荣”。但是，他这个人有个缺点，那就是有贪污受贿的问题。杨荣很不喜欢杨士奇，所以总是在皇上面前告黑状。

又一次，朱棣单独召见杨士奇，说：“你觉得杨荣这个人怎么样啊？我听说他经常贪污，你怎么看呢？”杨士奇这个人善于察言观色，他深深地知道依照现在皇上宠爱杨荣的程度，即使杨荣贪污受贿皇上也不会怎么样他，所以他就对皇上说：“杨荣百战百胜，对于我们国家的边防来说是必不可少的大将。人非圣贤孰能无过呢？杨荣当然也难免会有一些小错误，但是与其安邦治国的功绩比起来不算什么，所以不用治他的罪，只要皇上您劝说他也就可以了！”皇上听了以后很是奇怪地说道：“杨荣犯了错误你还替他辩解啊，他可是经常在我耳朵边上说你的坏话呢！”杨士奇淡然地对答道：“臣也有所耳闻，陛下您都可以包容我有一些小错误，一定也能包容杨荣大人啊！”

朱棣一看杨士奇的态度，觉得他甚识大体，堪为国家栋梁之材。后来，朱棣又将此次和杨士奇的对话告诉了杨荣，杨荣觉得杨士奇这人真是不错，所以也渐渐地不再说杨士奇的坏话了。

杨士奇深谙为官之道，他对皇上的心思揣摩得极其准确，所以当皇上问他关于杨荣问题的时候，他并没有采用所谓“落井下石”的方法借机除掉政敌，而是为对方说好话，因为他知道皇上极其宠爱杨荣，自己如果不显示出大度之心，一定会“偷鸡不成蚀把米”的，所以需要在皇上面前讨好卖乖，只有这样才能够在危险的官场之中求得一片生存的空间。

原文

武后迁，五公相庆，崇独流涕。董卓诛，百姓歌舞，邕独惊叹。事同而祸福相反者，武君而卓臣，崇公而邕私也。然惊叹者，平日感恩之真心；流涕者，一时免祸之权术。崇逆知三思犹在，后将噬脐，而无如五王之不听何也。吁，崇真智矣哉！（《智囊全集》）

译文

武后迁入上阳宫，五王之间相互庆贺，只有姚崇流泪。董卓被杀，百姓载歌载舞，只有蔡邕感到惊叹。事情相同但遭遇到的福祸却相反。因为武后是君王，董卓是大臣，姚崇为的是公，蔡邕为的是私的缘故。然而惊叹的人，是因为感激平时的恩情；流泪的人，是为了一时免祸的权术。姚崇预计武三思还在朝，日后可能报复，所以不像五王那样不听劝告。唉，姚崇真是聪明啊！

解读

自古奸臣得以诛杀，人们都是拍手称快，而蔡邕和姚崇，却一个惊叹，一个流泪。蔡邕的惊叹是因为董卓一向对他的敬重，感激他的知遇之恩；姚崇虽然参与讨逆，但他感念旧主，流泪是作为臣子的应尽之节，也是他避祸的一种手段。

蔡邕、姚崇二人都是心怀慈悲、懂得感恩的人。但是姚崇却比蔡邕更聪明，他知道还有武氏族人在朝，日后可能报复，他的哭因此让武氏族人认为他心向武氏，也就在后面武氏族人的清洗中免遭了不测、蔡邕则不然，当时董卓一党被诛杀殆尽，无人会再报复，而他仍然表现惊叹，结果招致牢狱之灾。

所以蔡邕、姚崇二人都懂得感恩，但姚崇却更懂得避祸的智慧。如果我们在灾祸来临之前，能预知到灾祸的降临，是一种远见；如果能同时想出办法避开灾祸，则是一种智慧。姚崇就具有这种远见和智慧，从而避开了一场灾祸，得以保全性命，也让人不得不佩服。

案例

救命诗篇

政治风云变幻莫测，尤其是在封建社会的政治斗争中，如果你一时不慎就有可能招来杀身之祸，所以我们无论什么时候都应该为自己想好万全之策，以便在政治生涯中铺好退路，救得自身。

王维是唐朝时期非常有名的大诗人，他的诗歌以山水田园诗为主，诗中有画意，诗中有禅心，所以被后世称为“诗佛”。因为他的诗名远扬，所以就连在突厥长大的安禄山都听说过他。755年安禄山和史思明谋反，爆发了导致唐朝由强转弱的“安史之乱”。“安史之乱”中，安禄山建立了燕政权，他的手下抓住了王维以后，将王维带到洛阳，希望王维能够在自己新建立的政权中担任职位，以便借王维之名来提高自己伪政权的知名度。

王维自然是不肯为安禄山服务的，所以他就拒绝接受对方的封赏，可是安禄山却不管他这一套，直接就将王维软禁在一个寺庙里，并且对外宣称王维已经开始在自己的政权中供职了。在这种情况下王维依然保持着自己的节操，他只住在被监禁的寺庙中，从来不参加任何政治活动，就是这样也不能够表达自己对大唐皇帝的忠心。与此同时，王维想到自己的情况并不为大唐皇上所知道，那么以后如何在皇上跟前阐明自己的主张、保护自己的人身安全？所以在此期间，王维写下了这首诗：

万户伤心生野烟，百官何日再朝天？

秋槐叶落深宫里，凝碧池头奏管弦。

过了几年，唐王朝终于在郭子仪、李光弼将军的努力下先后收复了长安、洛阳等地，皇上开始查处当年在安禄山伪政权中任职的人，所有的人一经发现当即问罪，王维自然也在这个行列之中。这时，王维的弟弟出面愿意用自己的官爵换回王维的性命，而王维也将其当年写的诗献给了唐肃宗，肃宗看到以后非常感动，不但没有治罪王维，还对其赞赏有加。

王维在政治困境中想法设法地保全自己，智慧起了很大的作用。我们在自己的生活工作中，也应该有这样的远见卓识，只有这样才能立于不败之地啊！

原文

娶妇以免溺，题目甚大。愚民相安于惑也久矣，直斥其妄，人必不信。唯身自往会，簪笔磬折，使众著于河伯之无灵，而向之行诈者计穷于畏死，虽驱之娶妇，犹不为也，然后弊可永革。（《智囊全集》）

译文

为了避免水患而替河伯娶亲，是一个很大的弊病。无知的百姓相信这样的谣言已经很久了。如果直接驳斥这件事是虚妄的，人们一定不相信。只有亲自去参加娶亲盛会，并且做出一副恭敬的模样，使众人明白根本没有什么河伯作祟，而向他们行骗的人终于在怕死的情况下无计可施，即使再让他们去替河伯娶亲，也绝不敢再做，如此这个弊病就可以永远消除了。

解读

俗话说“眼见为实，耳听为虚”，你要说服人们不去相信巫术，纵然你口若悬河，苦口婆心，都不如让他们亲自参与其中，亲眼见证骗术的虚妄来得效果好。

在生活中，往往有些拙劣到极点的骗术竟会骗倒无数人，并且屡试不爽，就在于他们不知道骗术的底细而被一时的贪念诱惑蒙蔽，最终上当受骗。

上当的人，起初还总以为自己捡了个便宜，这也是人之常态，然而贪心必失，一旦你起了贪念，必然失去很多。但是世上受骗的人，也并不都是出于贪心，有时是出于侥幸。比如家里有病人，试过所有的药物都治不好，而此时恰巧看到路边有人出售偏方，保证对这种病百治百灵，你到底买还是不买？骗子们也许正是抓住了人们的这些心态，处心积虑设置种种圈套，要你上当。所以我们遇事要提高警惕，也不可有贪婪之心。而如果能将骗术的底细揭出，那再高明的骗术也会无所遁形，别人也会少上当，这也是自己的一番功德吧。

案例

反伪科学专家司马南

在我们的生活中，很多人为了避免灾害降临到自己的身上，都希望能够得到上天的保佑，鉴于此很多的人都采用了不同的伪科学的措施欺骗一些无知善良的人，而很多人也因为一时的贪念就此上当受骗。

司马南是我国著名的社会评论家，也是我国反伪科学的代表人物，他在20世纪就开始致力于揭穿江湖骗子所谓的神功，可以说是我国无可替代的杰出人物。20世纪李洪志的法轮功曾经红极一时，现在我们都知道那是“邪教势力”，而司马南很早就发现了其伪劣的性质，开始对其进行揭露。司马南二十多年来一直在与伪科学进行斗争，希望人们能够正视真正的科学文明。

为了揭露那些所谓“大师”的特异功能，司马南经过自学，将“大师”们常常用来表演的各种绝技都掌握了，例如意念弯曲一些物品、汽车轧过身子等看起来玄之又玄的技能，在司马南看来不过是一些江湖人士用来欺骗人们的低级把戏，他多次在公开场合表演此类技能，并且当众指出其中的奥妙，让那些所谓掌握了不传之秘的气功大师、特异功能在其面前望而却步。

因为司马南这样不余遗力地揭露那些骗子的行径，所以遭到了很多人的报复、诬陷，还曾经被人打伤，甚至是遭到拘禁，即便是这样，司马南也没有放弃自己反伪科学的人生之路。他采用做演讲、出书、现场展示等各种方法，从20世纪90年代初期就开始揭露神功骗术，相继为世人揭示出了很多假的科学家、气功大师，几年前又戳穿了重庆缙云山李一道长的骗局，可谓是战果累累。

像司马南这样在“打假”行列做出卓绝贡献的人物是值得我们赞扬的，他让我们认识了什么是真正的科学，让很多蒙昧的人看到了大师们的真面目，从而在自己的人生道路上做出了正确的选择。

原文

国无二君，此际欲一人心、绝浮议，只合如此断决。其说《春秋》虽不是，然时方推重经术，不断章取义亦不足取信。(《智囊全集》)

译文

一个国家不能有两个君主，这个时候要想安定人心，杜绝不实的谣言，只有断然处置，虽然《春秋》里面说的不是这个问题，但是当时正推崇经学，如果不断章取义援引经书的说法，也就不能取信于人。

解读

在古书中，有“前事不忘，后事之师”的训导，有注意“前车之鉴”的提醒；在民间，也有“不听老人言，吃亏在眼前”的谚语。这些都是在告诫人们不能忽视前人的经验教训，避免重蹈覆辙，以便少走弯路。也许没有人会反对利用前人的经验，而且人们还都很重视利用学习前人的经验教训。

但是，接受前人留下来的东西并不是盲目照搬，机械执行。即使这些东西对于他们来说是最成功、最有价值的，但在现在却也不是万能的，因为它们都是在特定的时间、地点、条件下的产物，我们只能作为参考、活学活用，特别是当我们身处困境的时候，更应该如此方能解困，否则，就会闹出“东施效颦”“邯郸学步”的笑话。所以在生活中，我们一定要活学活用前人的经验教训，不能死在文字里，要通权达变，这样我们的工作、生活才会多姿多彩。

案例

前车之鉴

我们常说一个人不能在相同的地方摔倒两次，这就是说我们应该吸取过去失败的经验教训，从而在面对相似的人生经历的时候做到“吃一堑长一智”。

贾谊是西汉时期著名的文学家，他年少时写的文章就为当时的人们所称颂了。汉朝时还没有科举考试，文人们经常通过举荐的方式进朝做官，因为贾谊的文名远扬，所以汉文帝就将其招进朝廷之中，并且让他任博士之职，这时的贾谊才刚刚二十岁。为了表达自己对汉文帝知遇之恩的报答，也为了显示自己的忠心耿耿，贾谊多次写文章上书皇上，其中提出了自己对治理国家的一些有效的想法，所以深得皇上欢心。

贾谊在他所写的奏折中旁征博引，通过分析夏、商、周三代和秦国的不同，说明了前者能够统治几百年的原因，也说明了秦二世而亡的惨痛教训，他认为文帝应当总结三代成功的经验，效仿其做法去治理国家；同时也应该以秦短暂而亡的教训作为警惕，不要重蹈覆辙。还告诉皇上，当时民间流行的谚语“前车覆，后车诫”讲的和这个道理是一样的。

汉文帝看了贾谊的奏章，认为贾谊说得非常好，而他的意见也是很合乎当时汉朝的整体环境的，所以汉文帝采取了一系列的措施，他对待百姓轻徭薄赋，自己带头提倡节俭，并且奖励农业生产，鼓励桑蚕养殖，经过他的这种休养生息的政策，汉朝一天天地强大起来。汉文帝的儿子汉景帝即位以后，依然从前人的经验教训中探索适合其执政时期的利民政策，在其父亲的基础上进一步增强了汉朝的国力，经济上也有了长足的发展，从而形成了历史上一个著名的治世——“文景之治”。

后来的人们把贾谊文中引用的“前车覆，后车诫”简化成了现在我们常见的成语“前车之鉴”，用来比喻吸取教训，不要在相同的地方犯同样的错误的意思，这可能也是唐太宗李世民说的“以史为镜，可以知兴替”的重要来源吧！

原文

天下有三不祥，不行义礼，一不祥也；嗜欲无止，二不祥也；不听强谏，三不祥也。(《经世奇谋》)

译文

天底下有三种情况是不吉利的，不按礼仪规范做事，是第一个不吉利；顺从自己的欲望没有止境，是第二个不吉利；不听从别人的极力劝谏，是第三个不吉利。

解读

礼仪是人们在长期生活交往中逐渐形成的一种约定俗成的风俗习惯，它既是一个人道德水平的体现，也能反映一个人的文化修养。一个人在与别人的相处中，自然而然地就要遵守这些礼仪规范，一旦你的言行在这些规范之外，势必会被认为是一个无礼之人，为大家所不容。

古人常说："嗜欲者，伤身、败德、破家、覆国之本"，嗜欲，人皆有之，但如果不加以节制，就会成为事业成功的障碍。一旦这个弱点被别人利用，就可能身败名裂，成为可怜的牺牲品。

而不听从别人的劝谏，则容易一意孤行，独裁独断，看不到自己的错误，最后走上偏激和极端的道路。不按礼仪规范做事，不懂得适时控制自己的欲望，不听从别人的劝谏，是为人生三大不祥，如果长此以往不加改善，必定会给自己带来祸患和灾难。

案例

魏徵劝谏李世民

唐太宗李世民有一句非常著名的论断，那就是："夫以铜为镜，可以正衣冠；以史为镜，可以知兴替；以人为镜，可以明得失。"这里讲的正是古代帝王应该重视听从臣子的意见，而这句话中说的"人"就是我国历史上大名鼎鼎的谏臣魏徵。

李世民可谓是一代明君，但是他并非圣贤，怎么会不犯错误呢？但是李世民的长处之一就是能够听取臣子的意见，这才使得其明君的形象更加鲜明。李世民做皇上的第二年，高昌王就准备到唐朝朝贡，当时途中的一些国家听说了这个消息，也都派了使节随高昌王进唐，这样的事情对于一个刚刚登上皇位的人来讲是莫大的荣誉，于是，李世民就派了当时高昌国的驻京使者前去迎接。魏徵听说了皇上的安排，立刻上书李世民，认为皇上此举不合适。因为唐朝刚刚从长期的战争中稳定下来，战争对人们的创伤尚未抚平，在这种情况下，去迎接几个国家的使团一定会劳民伤财，老百姓们不堪重负，这样就容易引起社会动荡。李世民一听言之有理，所以马上派人将已经出发的高昌国的驻京使者给宣召了回来。

有一次李世民住在九成宫，中途自己的一个宫人要回京办事，中途在沩川县的驿站住下了，没一会儿右仆射李靖、侍中王珪也来到了这里，驿站太小没有办法住这么多人，驿站的管理人员就让皇上的宫人搬走了。这件事传到李世民耳朵中，李世民非常生气觉得驿馆的人怠慢了自己的宫人是不尊重自己，因此就要查办那个县的官吏和住了驿站舍房的李靖等人。这时候又是魏徵出来劝慰皇上，他说李靖等人是帮助皇上经世治国的大臣，宫人是在后宫负责打扫卫生的杂役，两相对比谁更重要是一目了然啊！要是皇上为了打杂的人处置了文武大臣，那会让其他官员怎么想呢，会让天下的老百姓怎么想呢？李世民一听魏徵说得很有道理，也就不再追问这件事情了。

在我国历史上像李世民这样的明君，能够听得进谏臣逆耳忠言的并不多，李世民自己说："贞观以来，尽心于我，出谋献计，安国利民，犯颜直谏，随时纠正我的错误的，只有魏徵一人而已。"

如果领导们身边都有一名像魏徵这样的人物为我们出谋划策，随时劝谏，而领导也都像李世民一样能够从谏如流，那么何愁大事不成呢？

原文

大抵冒越之利，鬼神所忌；而祸福倚伏，亦乘除之数。况又暴殄天物，宜其及也！（《智囊全集》）

译文

贪心所得的利益，鬼神都会忌妒；而祸福之间有连带关系，也互为消长。何况又不爱惜物力，任意糟蹋，所以该有大祸发生。

解读

我们活在世上，就注定了离不开金钱，钱对于我们来说，有很大的意义，没有钱，就会失去做人的基本自由。

但“君子爱财，取之有道”，对于金钱的获取，应该是建立在自己努力的基础之上的，而不是靠走歪门邪道、要小聪明得来，这样得来的利益，连鬼神都会嫉妒。而人生之中祸福、是非、利害等的关系其实并不明显，一不注意就会走向事情的反面，既因贪欲求得的钱财，却又不知道爱惜，反而任意践踏，表面上看起来非常风光，而实际上，祸害的发生就在他们眼前了。居安不思危的人，永远会败在危险脚下。

所以，致富之路，就像通往市场的道路一样平坦，它主要靠两个词：勤劳、节俭。也即合理安排好时间与金钱，或不浪费时间与金钱。有了勤劳与节俭便会拥有一切，没有勤劳节俭则会一事无成。如果一个人诚实地去挣钱，除了必要的支出之外不乱花钱，他就能致富。而“投机”这件事，不管它属于哪一类型，如果把它当作致富之道，都是极端危险的。

案例

巨贪和珅

人们常说“君子爱财，取之有道”，但是在我国历史上偏偏有一些人，铤而走险，通过一些不正当的手段得到钱财。老百姓们在民间流传着“三年清知县，十万雪花银”的话，可以说这是对历史上众多官员以手中职权谋取私利的形象描述。

提到贪官大家一定能够想到清朝乾隆年间的和珅，嘉庆年间，和珅家被抄，据当时的一本叫作《庸庵全集》的书记载，原来和珅家里抄出来的东西估价已经到了十一亿两，而清朝当时一年的国库收入才七千万两，也就是说和珅府中所有的东西加在一起等于清政府十五年的国库收入了，也因此当时的人们都说“和珅跌倒，嘉庆吃饱”。

和珅出生于1750年，他小时候家里条件并不好，父母双亡后差点被赶出家门，在困境中成长的和珅自幼聪颖过人，精通满、汉、藏、蒙四种语言，他能够当上大官基本上依靠自己的努力，传说因为其长相颇似之前乾隆帝宠爱过的妃子而颇受皇上信任。和珅最开始的时候还是立志做一名清官的，但是在办理云贵总督李侍尧的贪污案中，和珅私自吞掉了很多从李侍尧家抄出来的财产，这是和珅第一次留下不义之财。

随着和珅的官越做越大，他的胃口也越来越大，底下的臣子也越来越巴结他，他积攒的钱越来越多，甚至是外邦进贡给皇上的贡品他都先要给自己弄一份。和珅贪污的金银财宝不计其数，就连外国人都知道他的名声，被称为18世纪全世界最富有的人，2001年的时候还入选了《亚洲华尔街日报》评选的世界级富翁的行列。和珅在自己的政治生涯中，应当为皇上分忧解难，为百姓谋福利，但是他在自己做官的过程中却中饱私囊，卖官鬻爵，他的钱是踩着多少人的良心得来的啊！古人讲“多行不义必自毙”，没有经过自己的勤劳和节俭就轻易地获得了大量的财富，这势必不能长久，所以嘉庆帝在其父亲去世之后立刻就将和珅绳之以法了。

我们现在的人们应当从和珅的悲惨下场中吸取教训，不要让一时的利益蒙蔽了你的眼睛，真正做到君子爱财取之有道。

原文

讹言之兴，沴气乘之。妖则有形，讹则有声。止讹之术，在乎明决，不在厌胜也。(《智囊全集》)

译文

谣言一起，妖气就乘机而作。妖怪有形，谣言有声，阻止谣言的技巧，在于当下果断地处理，而不在用厌胜作法驱邪。

解读

谣言不仅能伤害人，伤害群体，也能伤害国家，甚至在改变历史中成为一个关键因素。章立凡就说："社会运动有时不需要真相，一个谣传引发的骚动，也可能改变历史。很多人内心追求的未必是真相，而是一场巨变。"

在历史上，不只是苛政猛于虎，谣言也猛于虎也。秦始皇在位期间就受困于"亡秦者胡也"的谣言，为防北方的胡人弄得全国民怨沸腾，结果招致强秦仅两世而亡。

要阻止谣言，就要及时果断地处理，千万别让它蔓延。谣言一旦传出，无论真伪，对自身的形象都会产生不利影响。这时就要及时应对，快速反应，当机立断开展行动，通过媒体向公众沟通，发表声明或公告，表明自己的做法和立场，抢占道德高点，把所有的谣言和小道消息尽可能地扼杀在摇篮中，从而迅速控制事态，使危机所造成的损害降到最低。

如果不能及时控制，危机的范围就会更加扩大，甚至可能失去对全局的控制。危机发生后，能否首先控制住事态，使其不扩大、不升级、不蔓延，是处理危机的关键。

案例

神秘谶言

谣言是一把杀人不见血的刀，它们经常会把你伤害得体无完肤。作为领导者应当能够快速地分辨出语言的真实性，不要让莫须有的事情影响了军心。

历史上很多人都相信所谓的谶言，这本是统治者为了为自己的地位造势而出现的一种类似于预言的东西，但是有的时候这些“预言”就成了谣言，从而引得人心惶惶了。隋朝刚刚建立的时候，就有人对隋文帝说“李氏当为天子”，于是就引发了一场将姓李的都作为自己政敌的事件，当时的隋文帝虽然没有将李姓家族全部诛杀，但是将所有的贵族大臣等政治旋涡内姓李的人都筛选了一遍，最后发现李浑的嫌疑最大，所以杨坚就和对方进行了一次开诚公布的谈话，希望对方能够自己了断，但是李浑并没有当一回事儿。杨坚的宠臣宇文述就设计诬告李浑谋反，从而帮皇上除掉了这个眼中钉。

但是李浑之死并没有使李氏得天下的谣言消失，当时民间传唱的民谣中有这样的一句话：“桃李子，得天下。”于是很多人都开始研究这首民谣，后来有一个叫作李玄英的人从中得出了结论，说这个称霸天下的人应该是李密。李密自己也是这么认为的，他甚至觉得自己就是真命天子，但是大家都知道的是，事实证明得天下的的确是李氏家族，但是并非李密，而是李渊、李世民这个李氏。

历史上经常会出现这样那样的谶言，隋朝初年刚出现谶言的时候，杨坚就在朝中一番折腾，这已经让朝廷氛围变得不和谐了，后来其子在皇位上倒行逆施才引得天下豪杰四起。但若不是天时地利人和，李渊父子仅仅依靠谶言就能当上皇帝，这样的事情想来大家都不会相信。

原文

儒者不言兵，然儒者政不可与言兵。儒者之言兵恶诈；智者之言兵政恐不能诈。夫唯能诈者能战；能战者，斯能为不战者乎！（《智囊全集》）

译文

儒者不屑谈军事，这正是儒者没能力谈论兵法的缘故。儒者总说用兵不可诈胜，但真正有用兵智慧的人，正唯恐不能想出各种诡诈的作战方法来。只有能行诈的人才能作战，而亦唯有能战的人，才能消弭天下的兵灾战祸。

解读

兵者，诡道也。古往今来，所有的军事战术，都离不开百变诡诈的谋略，战争是一个谋的舞台，正所谓“上兵伐谋”也，“谋”好了，不战也可屈人之兵，而不会“谋”的人，即使血流成河也不一定能得到想要的结果。

其实，现代社会的各种竞争，也和军事战术一样，需要我们挖空心思去研究对手，去迷惑对手，计谋运用得好了，才能占据竞争的制高点，从而为自己最后的胜利打下坚实的基础。不会运用计谋的人，只会为人所伤，败下阵来。

其实想一想，商业、学业中，又有哪一项不需要运用到计谋呢，不要小看了计谋的力量，有时它比你本身的实力所发挥的作用还要强。

案例

火烧赤壁

当今社会中，我们都面临着各种各样的竞争，在不同的竞争中我们都应该运用一定的谋略，只有这样才能掌握主动。

东汉末年，魏、蜀、吴三国鼎立，其中曹魏的势力最为强大，但是在东吴周瑜和蜀国诸葛亮计谋的对抗下，曹魏没能一统天下。当时，曹操率领了八十万大军南下与吴蜀联军在赤壁隔江相对。因为曹操的士兵大多都是北方人，基本上没有坐过船，现在要渡江作战不坐船不行，为了让手下的士兵适应船上生活，曹操想了一个办法，他叫人将铁索把船全都连了起来，然后在上边铺上木板，站在上边就好像是在平地上一样。

周瑜手下有一位老将叫作黄盖，他看到曹操的这种做法，又分析了双方的优劣想到了一个好办法。这天，黄盖对周瑜说："曹军有八十万，咱们才有三万人，相差也太多了，要不我们还是不要与其大战了吧！"周瑜很是生气将黄盖打了一顿。黄盖就给曹操写了一封信，说："周瑜这小子自不量力，非要拿自己区区几万军队跟您的八十万大军对峙，这不是自寻死路吗？有鉴于此，我愿意脱离东吴，希望您能够接收我这个降臣。"

曹操早有眼线将周瑜打黄盖的事情通报了过来，曹操一看连吴国老将黄盖都准备投降了，所以很是开心。这天，东南风很急，江面上也是波涛四起，曹操站在船头远远望去，看到一队帆船隐隐驶来，上边插的旗子上还有一个"黄"字，曹操心头大喜，这黄盖果然按照约定趁着夜色来"投降"了。

来者真是黄盖，但是黄盖可不是投降来的，他一共带领了二十条船，船都用幔布给盖好了，里边根本也不是什么士兵，也不是粮食，而是芦苇加硫黄，趁着夜色，借着东风，黄盖将二十只船都点着了火，火势顺着曹操他们那些连在一起的木板就烧了起来。因为曹操的船只都已经连在了一起，所以根本不可能逃跑。火势蔓延到了岸上的兵营，整个曹营都被火光笼罩其中了。

这就是黄盖、周瑜火烧赤壁的故事，这个故事告诉我们面对着强大的对手的时候，用脑子远比用武力项用得多啊！

制胜卷

第九

原文

罚必则令行，令行则主尊，世祖所以能定四方之难也。(《智囊全集》)

译文

能够赏罚分明，军令才容易推行；军令畅行无阻了，主上自然就会受到尊重。刘秀正是因为如此才能平定四方的战乱，统一国家的。

解读

古人在论述政道的时候，往往把赏与罚并提，所谓“明君不赏无功之臣，不赏不战之士”。赏罚分明是古时的领导者管理人才的一种重要手段。赏起激励、鼓舞和褒奖的作用；罚起禁止、威慑和惩戒的作用，赏罚兼施，恩威并用，才能引导下面的人做好事，又能防止他们有做坏事的念头，使他们进有所得，退有所失。

对于今天的领导者，赏罚分明也具有一定的现实意义。领导者一定要以身作则，正确使用赏罚制度，才能让员工真正体会到公平和公正的原则，深刻感受到不违规与违规之间的利弊，从而激励他们为企业带来更大的利益。也才能树立起领导者的威信，赢得下属的尊重和爱戴。

案例

诸葛亮挥泪斩马谡

领导者在团队中的作用非常重要，若他能够做到赏罚分明，就会促进团队的整体发展，这个在当代管理学中称为人力资源管理的激励机制，这种方法并不是现代社会独有的，其实我国历史上很多具有才能的领导已经这样做了。

我们已经讲过很多和三国相关的故事了，这里还要讲一个诸葛亮挥泪斩马谡的故事来说明管理者贯彻执行赏罚制度的重要性。蜀国建立之后，诸葛亮为了实现统一大业，一直在运筹北伐战争，以期大败曹魏，面对着曹军的强大势力，诸葛亮亲率十万大军北上突袭魏国的祁山。

当时马谡主动请求作为先锋驻守军事要地街亭，诸葛亮开始不想派他前往，直到马谡立下了军令状才得到允许。诸葛亮在其出发之前一再叮嘱他："你一定要守住这个地方，它的军事地位不可比拟，若没有这个地方，我军是必败无疑。"诸葛亮还是不放心，又为其制定了一定的防御方针。但是，马谡到了那里之后，却并没有按照诸葛亮谋划好的依山傍水部署兵力的方法执行，而是自作主张地让大军驻守在了山上。

当时的副将王平曾经提出异议，认为山上没有水源和粮道，很容易被曹魏截断粮草供给，马谡反而说道："你知道什么？我可是通晓兵法之人，有的时候丞相排兵布阵还得向我请教呢！我现在的部署和兵书中讲的居高临下、置之死地而后生是一个道理！"尽管王平多次劝解和提出意见，马谡依然我行我素。

魏国皇帝听说马谡占领了街亭立刻派了朝中非常有经验的将军张郃带兵前往。张郃到了街亭派探子探得马谡将大军驻扎在了山上非常高兴，他立刻斩断了蜀军的水源、粮道，派大军团团围住街亭山并且火烧了该山，战果可想而知，马谡失了街亭，诸葛亮无奈退守汉中。

在后来的战局总结中，诸葛亮伤心地说是自己错用了马谡，但是作为主帅的马谡在该次战争中应当负有主要责任。在这种情况下，诸葛亮挥泪斩掉了视自己为父的马谡。这样的军令一出，全军上下无不震动，同时也对丞相严格执法、赏罚分明的一面更加敬重了。

现代社会中，如果领导都能够具有诸葛亮这样的决断，严格遵守赏罚制度，想来离大事可成就不远了。

原文

形逊声，策绌力；胜于庙堂，不于疆场；胜于疆场，不于矢石。庶可方行天下而无敌。(《智囊全集》)

译文

有形的武力不如说话的言语有影响力，计谋可以战胜武力；能在庙堂之上取胜的，就没有必要到战场上对决；战场上的将帅能善谋慎断，就没有必要让兵卒去冲锋陷阵。这样就可以行遍天下没有敌手。

解读

古时人们行军打仗在小小的军帐之内做出正确的部署，就能决定千里之外战场上的胜负，这就是“运筹帷幄之中，决胜千里之外”。如果做事情能把前期准备充分，后期的工作就能顺利进行，一个很有才智的人只要做好前期完善的战略部署，即使无须上阵，也能够让事情获得成功。所以，凡事必先有所计较和谋筹才可行。如果临时无备，则仓促难成。不见利害，事不先谋，反招祸患。

现如今，社会发展日新月异，一日千里，各种危机也就更加容易出现，因此我们在考虑任何问题的时候都要有战略头脑，才能科学理智地判断形势，做出正确的决策。否则就可能导致整个工作的失误。所谓“先谋后事者昌，先事后谋者亡”，就是这个道理。

案例

高瞻远瞩伍子胥

在变幻莫测的世界中，能够高瞻远瞩是非常重要的。充满智慧的人往往具有远见卓识，所以才能运筹帷幄之中，而决胜千里之外。

春秋末年，伍奢作为楚平王太子太傅被人诬陷，平王大怒将伍奢及其长子伍尚杀害了，其次子伍子胥仓皇出逃到了吴国。因为伍子胥才华出众，所以很快得到了吴王阖闾的欣赏，成为了吴国的重要谋臣。几年以后，伍子胥献计，著名军事家孙武带兵攻入了楚国的都城，伍子胥为报父仇将楚平王的尸体挖了出来，鞭打了300下，而吴王也成了称霸一时的诸侯王。

吴王阖闾去世以后，夫差成了吴国的国君，当时吴国和越国大战，一举灭掉了越国，并且俘虏了他们的国君勾践。勾践是一个有远大志向的君主，他在吴国极力地表现出谦恭的一面，甚至是帮夫差洗马，因为其表现很好，夫差就想放勾践回国。这时候伍子胥说道：“夫差回国之后一定发愤图强，会对吴国不利，不如尽早除掉他的好。”

夫差根本不听伍子胥的话，想着赶紧进攻中原，以成为真正的春秋霸主。但是伍子胥认为天下诸侯国中，越国才是吴国的心头大患，又一再要求夫差暂时不要进攻齐国，夫差依然没有听伍子胥的话。夫差将勾践放回了越国，勾践为了表示感谢就送来了很多美女，其中就有大名鼎鼎的西施。在西施“美人计”的攻势和太宰伯嚭的谗言诬陷下，夫差越来越讨厌伍子胥，就派人给伍子胥拿去一把宝剑将其赐死了。

伍子胥看着宝剑老泪纵横，他对手下的门客说：“我死以后请你们把我的眼珠子挖出来，然后挂在东门之上，我倒要看着越人是如何攻入吴国大门的。”事情果然沿着伍子胥说的那样发展下去了，九年后越国灭吴，勾践成了新的霸主。

伍子胥有着过人的才能，他能够凭借自己的才华，借吴国的势力灭了楚国为父报仇，也能够看到吴王夫差看不到的长远利益，但是却被小人诬陷实在可悲。所以作为一个具有决策能力的领导者一定要有远大的眼光，不要只贪图眼前利益，只有这样才能够做出正确决定，从而避免工作中的失误。

原文

能用谍，不妨舍谍。然必先知谍，方能用谍；必能使民不隐谍，方能知谍；必恩威有以服民，方能使民不隐谍。呜呼，难言矣。(《智囊全集》)

译文

要想能运用间谍，不妨让间谍有地方藏起来。但是必须先查明间谍的所在，才能运用他们；只有能让百姓不窝藏间谍，才能查出他们藏身的地方；必须对百姓恩威并济来让他们服从，才能使百姓不隐藏间谍。这其中的学问可大了，很难说清楚。

解读

俗话说“用人之短，天下无可用之人；用人之长，天下无可弃之人”。如果能根据人们的不同才能加以任用，那么即使是鸡鸣狗盗之辈在某种特殊的情况下也能供你驱使。

“金无足赤，人无完人。”每个人都不可能完美，都有其自身不可避免的缺点，如果你过于求全责备，则天底下就没有一个人可以为你所用了。

尺有所短，寸有所长，人有其长，也必有其短。在用人方面，我们务必要做到用人之长，特别是作为一个领导者来讲，用人更应该取长避短。不要看他有什么缺点，而是看他能做什么，然后给予他一个合适的位置，发挥其所长，这样才能获得最大的效益。

对于我们自身也是一样的道理，不要花费太多时间和力气在自身的缺点上，而更应该多花心思在怎样去发挥自己的长处上。

案例

鸡鸣狗盗之徒

俗话说“尺有所短，寸有所长”，我们应当具备慧眼识英雄的本领，只有这样才能够人尽其才，在相同资源下取得利益的最大化。

战国时期有人尽皆知的战国四公子，他们以招揽各种门客出名，其中最有名的要数齐国的孟尝君了，因为孟尝君对门客是来者不拒，所以当时聚集在他门下的客人最多。这些门客有着不同的能耐，既有怀安邦治国之能的冯谖，也有一些所谓“鸡鸣狗盗”之徒，因为孟尝君真心相待，所以他们都尽力报答孟尝君的知遇之恩。

有一次，秦昭襄王邀请孟尝君出使秦国，孟尝君带领着自己的一些门客来到秦国。秦昭襄王看重孟尝君的名声和其手下门客的能耐，就想将其留在秦国做相，但是很多大臣都持反对意见，他们说：“孟尝君是齐国的王族，让他出任秦相他怎么能真心为我们办事呢？留下他实在是祸患无穷，不如将其软禁起来，以后找个机会杀了他以绝后患啊！”孟尝君得知了秦王的想法很想回到齐国，这时候他手下的门客就开始大显奇能了。

秦昭襄王很听他一个宠妃的话，他们就去请求这个妃子的帮助，该宠妃说：“只要你们能把送给秦王的那个天下独一无二的狐白裘找来送我，我一定帮助你们。”这件事情虽然为难，但是有一个门客自荐去找狐白裘，原来这个门客的特长是钻洞偷东西。经过事先侦察，他顺利地得到了那件裘皮衣送给了那名妃子。秦昭襄王的宠妃非常高兴，果然帮助了孟尝君。秦昭襄王打消了杀孟尝君的念头，还准备选择良辰吉日为孟尝君送行。

可是孟尝君害怕秦王反悔急于回到齐国，于是他就率领手下人连夜赶到了秦都的东门。秦朝的法律规定，只有听到鸡叫才能够打开城门，可是当时正值三更时分，鸡怎么会叫呢？只听得孟尝君队伍中一个门客发出了“喔喔喔”的雄鸡啼鸣声，紧接着，城外的雄鸡都打鸣了。看门的士兵根据律法办事，只有打开城门，孟尝君一行顺利地逃了出去。

这个故事里，孟尝君依靠鸡鸣狗盗之徒离开了想要置自己于死地的秦国，回到了自己的国家，如果他只是固守着一些规矩，根本不重用手下的优点和特长，那么一定会命丧黄泉。所以作为领导者应该有容忍之度，应该能够看到手下的长处，只有这样才能够达到物尽其用、人尽其才啊！

原文

七百与三千，均非十万敌也；而益兵之名，足以招寇。(《智囊全集》)

译文

不论是七百士兵还是三千士兵，都不是十万大军的对手；但是如果贸然增兵，必然会招来祸患。

解读

《孙子兵法》里说："兵者，诡道也。"孙子认为作战要能而示之不能，用而示之不用，近而示之远，远而示之近。这都是古时作战的计谋。所以，决定战场胜负的关键有时并不是人数，更多的是计谋的使用，不懂得运用计谋，即使增再多的兵也没有用，曹操官渡取胜、谢安淝水大捷就是这样的例子。

兵员比别人少时要懂得适时示弱，这能让敌人或对手轻敌，从而保存自己的实力，在合适的时机再给予对方致命的一击，反败为胜。

在生活中，示弱也是一种有效的人际交往，因为事业上的成功者，生活中的幸运儿，往往是人们嫉妒的对象，如果你无法消除这种社会心理，那么适当地"示弱"则可以将这些消极作用降到最低限度。就像竹子随风"低头"，但狂风过后依然可以昂首挺胸一样。

适当地示弱并不是让你的人格减弱，真的就弱不禁风，遇事没有主意，而是遇到争执和误会的时候让人三分，退一步海阔天空，不要锋芒太露，这也是一个人的人品、道德、心胸和修养的体现。

案例

老子的守弱学

人生中总有面对强敌的时候，如果一味地以强势相对，那么有可能受到挫折，这个时候我们要学会避其锋芒，通过守弱的方式反败为胜。

可以说水这种物质是最弱的，但是道家学派的创始人老子却认为最弱的水同时也是最强的。因为强的东西容易最早出头，就最容易被折断了。古人云“人之生也柔弱，其死也坚强”，老子是绝对禁止坚强的。同样，作为其继承者的庄子依然发扬了这种说法。有人问庄子：“你所讲的道在哪里？”庄子回答始料未及：“道就存在于稗草之中。”那人觉得不可思议接着说：“您能不能说得高尚一些？”庄子就说：“道就存在于瓦砾之中。”那个人接着说：“您就不能说得高尚一些吗？”庄子干脆回答道：“道其实在屎尿之中啊！”这样的回答让对方难以接受，实际上他不过是告诉我们看起来低贱的东西中也存在着道，也就是说道是无所不在的啊！

刘邦刚刚建立汉朝的时候，天下因为经过了多年战争所以处处疮痍，当时朝中的大臣连马车都没得坐，可是仅仅经过了几十年就出现了历史上的清明时代“文景之治”，这不得不说到黄老之术的重大力量啊。

当年的萧何在义军进入咸阳以后只是收集了当时的图书典籍，依靠这些在建汉初期的时候制定了相关的法律条例，而萧何制定的国策中大多都是根据黄老之学而来的。大家有个成语叫作“萧规曹随”，萧何死了之后，曹参接替他当上宰相治理全国的各种事宜。曹参这个宰相基本上不管事儿，他每天就是邀请大臣们吃喝玩乐，汉惠帝很生气就问他：“你怎么也不管管国家大事呢？”曹参问道：“皇上您比起先皇来怎么样呢？”惠帝说：“我比不上先皇。”曹参又问：“我和萧何谁水平高？”惠帝说：“你比不上萧何啊！”曹参立刻回答：“既然这样，我们就跟着他们制定下来的治国方案去治理天下好了！”好一个“萧规曹随”，这样的大智慧正是体现了老子的守弱主张啊！

我们在生活和工作中难免会遇到相类似的情况，如果自作主张强出头有可能会适得其反，在这种情况下想一想老子的守弱学，我们可能会有意想不到的收获。

原文

危事无恒，方随病设。躁或胜寒，静或胜热。动于九天，入于九渊。风雨在手，百战无前。(《智囊全集》)

译文

兵事变化无常，就好像医生为病人开处方一样，必须依据不同的病情对症下药，用躁来战胜寒，用静来克制热；上能到达天的最高处，下能到达地的最深处。那么聪明的人可以把一切都掌握在手中，百战百胜。

解读

历代兵家作战，都特别讲究因人制宜地来制定作战策略，比如“怒而挠之”“亲而离之”“卑而骄之”等就都是很好的证明。

如果敌人性格暴躁，就要故意挑逗他、辱骂他，让他发怒，使他的情绪受到扰乱而不能理智地分析问题，盲目用兵，露出破绽，进而看准时机一举将他歼灭；如果敌人上下团结一心，亲密无间，那么，就要利用或制造矛盾来离间他们，让他们内部分崩离析，从组织上削弱敌人；而如果敌人力量强大，且骄傲轻敌，那么可以用恭维的言辞和丰厚的礼物来向敌人示弱，从而助长他骄傲嚣张的情绪，等到他的弱点暴露以后，再出其不意地攻打他。

兵家这些因人制宜的方法在我们的生活工作中虽然未必全部适用，但他们那种冷静睿智的处世精神却是我们应该学习和借鉴的。

案例

鸿门宴

人的一生中会遇到各种各样的事情，也会碰见各式各样的人物，面对不同的事情如何发挥自己的才智因地制宜地解决问题，是我们每个人都要学会的处事原则。

秦末农民起义四起，陈胜、吴广振臂一挥，各地豪杰群起响应，刘邦和项羽可谓其中的佼佼者。当时项羽等人扶植了楚怀王的孙子做了楚王，他曾经与各路将领约定，谁先入关就封谁为“关中王”。在该次战争中，刘邦率先进入了咸阳，这让项羽很是生气，他将大军驻扎在鸿门，此时刘邦接受了张良的建议，将大军退出咸阳驻扎在霸上，并且派人将咸阳所得都送去了项羽营中，说自己实力不及对方，希望项羽能够称霸关中。项羽的军师范增发现刘邦为人处世必成大器，所以设下了“鸿门宴”，希望能够在此宴会上诛杀刘邦。

谁知此事被项羽的叔叔项伯知道了，他念及自己和张良的情谊，就暗自向刘邦报了信，刘邦本不想去，但是张良为之分析说：“若你不去赴宴只有一死，但要是赴宴的话还能有一丝生机。”在这种情况下，刘邦就去参加了这场“鸿门宴”。

鸿门宴当日，范增早就定下了斩杀刘邦之计，谁知道刘邦一到项羽营中就跪在了项羽面前向他谢罪，项羽一看刘邦这样就不再那么生气了。饮酒过程中范增多次拿起自己面前的玉石向项羽使眼色，希望项羽能够当机立断杀死刘邦，但是项羽都装作没有看见的样子。无奈之下，范增授意项庄舞剑，只见项庄的剑冲着刘邦就来了，这时候项伯挺身而出，与项庄共同舞剑，暗中保护了刘邦。

此时张良出来见到了樊哙，樊哙听说刘邦情况危急就闯了进去，因为内心激动，所以他闯进去的时候眼睛瞪得老大，头发也都竖了起来。项羽见到来人认为其是壮士，还赏赐了他一杯酒、一块猪腿肉，樊哙都一一接受了。后来刘邦借口上厕所，在樊哙等人的保护之下逃走了。

这个故事中的刘邦能言善辩，能屈能伸，可以忍辱负重，与之相对的项羽则有勇无谋，骄傲冲动，在双方的对决中虽然表面上占尽先机，实际上已经输了，难怪范增说他是“竖子不可为谋”啊！

原文

厚其遇，故其报重；蓄其气，故气发猛。故名将用死士之力，往往一试而不再，亦一试而不必再也！今之所谓兵者，除一二家丁外，率丐而甲，尪而立者耳。呜呼！尪也，丐也，又多乎哉！（《智囊全集》）

译文

对待部属愈是仁厚，他们的报答之心也就愈是深切；凝聚他们的士气，所以就能一发而气势威猛。因此古代的名将都善于运用这些视死如归的士兵的力量，往往只须一次战役就能定胜负，而不用再次开战，也没有必要再战。而今天所谓的带兵的将领，除了拥有一两名亲信部属外，其余的士兵都是带人不带心，有如外借之兵。士兵像乞丐一样，身体羸弱，光是人多又有什么用呢？

解读

战争是由人来决定胜负的，对待部属仁厚的将领，部属才有可能为你效死命，你也才可能在战争中取胜。同理，古往今来，一个成功的领导者也无一不是尊重下属、善待下属的，因为只有给予员工充分的尊重和善待，才能充分调动他们的积极性，进而心往一处想，劲往一处使，团结一心，和衷共济。

善待的一个方面是礼待，也就是态度要尊重。领导与下属虽然是一种上下级关系，但不是占有和被占有关系。如果因为自己居其位凭其权，就对下属呼来喝去，也不尊重下属的需求和发展，那么必然是一个没有多大能耐的领导。

善待的另一个方面是要给予下属实惠，给予他们一定的利益保障，这是无可避讳的，因为每个人生活都需要足够的物质保障。如果一个领导者连最起码的物质要求都不能满足下属，那还有什么资格使唤别人呢。

不会礼待和给予下属恩惠的领导，就算下属人再多，也不会起到什么作用，干出什么实事来。

案例

刘备三顾茅庐

作为领导应该具备的素质有很多，其中有一项就是要善待下属，尊重他人，只有这样自己的手下才能心甘情愿地为自己办事，才能形成一股合力。

汉末的时候天下大乱，曹操挟天子以令诸侯坐镇北方，孙权拥兵自重占据东南，当时的刘备可以说要兵没兵，要地没地，但是他非常重视人才，他的手下徐庶和司马徽都说诸葛亮很有才华，就和自己的结拜兄弟关羽、张飞带着礼物就去了诸葛亮隐居的南阳，希望他能够出山辅佐自己。

谁想到刘备来得不是时候，他来到诸葛亮隐居的地方，刚好诸葛亮不在家，于是他扫兴而归。不久，刘备三人又一次去了诸葛亮家，这次天公并不作美，刮着呼呼的西北风，下着鹅毛大雪，谁想这次诸葛亮又出去游玩了，张飞性子鲁莽，见此情景内心不悦，他可不想再来一回了，所以催促刘备赶紧回去。刘备见状只好写了一封信，在其中表达了自己对诸葛亮的敬佩之情，语气诚恳地希望对方能够帮助自己挽救国家民族的危机。

过了一段时间，刘备在家沐浴斋戒了三天以后，就又一次去请诸葛亮了。当时，关羽以为诸葛亮没有什么真才实学，不过是徒有虚名罢了，所以就别去找他了，张飞则主张由他出马将诸葛亮绑来，面对着自己两位义弟的态度，刘备对其进行了严厉批评，并且再次登门。当天到达诸葛亮家的时候都快中午了，谁知诸葛亮还在睡大觉，刘备没有任何怨言，一直站着等待，直到对方醒来。诸葛亮看到了刘备的诚意，而且有感于刘备的为国为民之心，所以就答应了他们的请求，全心全力地为其谋划，后来天下形势果然就像诸葛亮预测的那样照着鼎足而立发展了下去。

刘备是做大事业的人，他懂得知人善用，更懂得尊重人才，所以很多人都甘心为其奔命，我们现在的领导层应当向刘备学习用人之道和待人之道，只有这样才能够得到一帮全心全力工作的下属啊！

原文

夫兵者，死生之地，必也胜算在握，见可而进，斯能万举万全。不然，其不以人国侥幸者，几希。（《经世奇谋》）

译文

用兵打仗的人，在决定生死的重要关头，一定要有必胜的把握，看准时机再用兵，这样才能保证百战百胜。不然的话，如果一个国家想要靠侥幸取胜，那几乎是没有任何希望的。

解读

古时行军打仗讲究“兵贵神速”，也就是说用兵贵在行动特别迅速，才有可能把握时机，速战速决，因为机不可失，一旦错过最佳的机会，就有可能影响整个战局。所以对于领导者来说，不仅要正确把握时机，还要有必胜的把握，才能稳扎稳打，百战百胜。

当今世界处处隐藏着机会，但我们一定要看好看准，只要决定做了，就要让自己有必胜的信心，只要抱了必胜的决心，就很少有不成功的。世上无难事，只怕有心人。如果想成就一番事业，没有坚定的信念是无法想象的，成功不会亲近一个毫无坚强意志的人。一个对事情缺乏必胜把握的人，是永远都只能望成功而兴叹的。

案例

诺曼底登陆

机会并不是时常出现的，但是机会一旦出现我们就一定要把握住，只有这样才能够取得成功。

二战期间的诺曼底登陆战役就是这样的一次机不可失的登陆，它是20世纪最大的登陆战役，其中包括盟军中美国、英国、加拿大等国家的三十六个师，其中陆军一百五十三万人，总兵力达到了二百八十八万人，他们开着十七万辆车，携带了六十万吨的补给品，声势浩大地渡过了英吉利海峡。

诺曼底登陆战役的成功使得美英的军队重新回到了欧洲大陆，这次战役的胜利使得二战的整体形势发生了根本性的转变。当时盟军军队快速地进行了抢滩，来自欧洲各国的士兵基本上都参加了这次战役。这次战役之所以能够如此快速并且成功地登陆，主要有几个原因：

首先，盟军整体上成功地组织了一次战略部署，使得德军的统帅做出了错误判断，这就保证了登陆作战突然性的成功。其次，盟军对这次来之不易的机会做了精心的准备，他们投入作战的飞机多达一万三千七百架，军舰多至九千艘，掌握了绝对的制空权和制海权，这保证了登陆的顺利进行。再次，为了本次战役，盟军准备了非常充裕的物资以保证后续部队的供给，这所有的一切都是使战役成功进行的重要保障。同时，当时的天气情况非常恶劣，这虽然给盟军造成了很大的麻烦，但是也使得德军丧失了警惕心，这样的机会稍纵即逝，盟军怀着必胜的决心去登陆则可以说是下定了决心，抓住了机会，达到了最后的成功。

在战争中机会稍纵即逝，在现实生活中也是这样，我们一定要看准时机，只要决定去做，就带着必胜的决心，带着坚毅的精神，最后一定能够取得成功。

原文

始以缓而致之，终以速而毙之。除凶恶须得此深心辣手。（《智囊全集》）

译文

刚开始的时候缓慢地引他犯罪，最后迅速地将他处死。要想除去这种凶恶的人，就必须运用这种深思猛烈的方法。

解读

在与人相处的过程中，人们往往崇尚“以德报怨”“以善报恶”，做人心胸要宽广，遇事要万般忍让，退一步海阔天空。这些都是无可厚非的，但是如果我们面对的人或事，已经恶到了一定的程度，甚至丧心病狂，那么退一尺只能换来他的进一丈，这时，如果还坚持用我们所秉持的善来对待这些恶人恶事，还要没有原则没有理性地去包容，那只能是一种助纣为虐、是非不分了。

对待这样的恶人恶事，我们要像他们一样用猛烈凶恶的办法，即对待恶事要零容忍，严惩恶人，这其实也是一种行善。如果一味地姑息，只会让更多的人受到伤害。

所以我们对待恶人恶事，绝不能心慈手软，有妇人之仁，要果断及时地处理。但同时，也要注意方式方法，因为恶人一般狡猾多端，善人也有可能会被诬陷为恶人，导致自己身陷囹圄，甚至丢掉性命，而真正的恶人却逍遥法外。

案例

杨继盛弹劾严嵩

我们的人生中一定会遇到这样那样不同类型的人，如果在恶人面前展露不出自己的能力，那么在很多情况下都只能受到恶人的欺负，所以在对待恶人恶事的时候，我们一定要用更激烈的方式对抗。

杨继盛是明朝嘉靖年间进士，他幼时家境清苦，母亲早亡，父亲另娶，生活孤苦无依，但是在这样的环境中，他白天放牛，晚上秉烛夜读，最后考中了进士，后来到京城做了京官。杨继盛出任兵部员外郎的时候，蒙古首领曾经很多次带兵到明朝北部骚扰，面对此大奸臣严嵩的死党将军仇鸾上书皇上，希望能够大开马市与对方议和，面对着权臣的不合理意见，杨继盛写了《请罢马市疏》，在其中对邪恶势力仇鸾进行了强烈批判，说他是“十不可五谬”，也因此得罪了严嵩，杨继盛被贬职到了狄道。

杨继盛在狄道期间做了很多有利于老百姓的事，他办学堂，开河道，还勘探挖掘了煤矿，又让自己的妻子将高超的纺织技术教给当地人。这个时候北方的少数民族并没有闲着，蒙古人将设置的马市悉数破坏，皇上这才得知杨继盛具有先见之明，所以又将他升职，在半年内连续升了四个职位。

杨继盛不惧怕恶势力，在1553年的时候一纸奏章《请诛贼臣疏》上书给皇上，弹劾当时的大奸臣严嵩，在文中他陈词恳切，历数了严嵩的“五奸十大罪”，严嵩看到这个奏章以后勃然大怒，居然假传圣旨，将杨继盛投进了死牢。在牢中严嵩派人将其廷杖一百，旁边看的人都看不下去了就偷偷给他蛇胆以止痛，面对着这样的好意，杨继盛拒绝了，他自己割下了腐肉和断筋，这份毅力实在让人感慨。三年以后，严嵩还是找了一个罪名将其杀掉了。杨继盛被害后十二年，隆庆皇帝即位，追谥其为“忠愍”，直到清朝，顺治帝、康熙帝等人还一再赞扬杨继盛与恶人斗争的精神呢！

面对着严嵩这样的恶势力，杨继盛疾恶如仇毫不畏惧，这样的精神值得我们传颂。我们在现代社会中也会遇到类似的事情，自然不能要求大家都像杨继盛一样非要在牢狱中度日，但是我们一定要发扬他身上那种大无畏的面对恶人的精神！

原文

壬人佥士，凡明主能诛之；闻人高士，非大圣人不知其当诛也。(《智囊全集》)

译文

奸邪小人，凡是圣明的君主都知道要去诛杀的；而徒有虚名的所谓名人高士，不是洞察一切的大圣人是不知道要去诛杀的。

解读

奸邪小人虽然可恨，但却不可怕，他们在奸邪的君主手下虽然能猖狂一时，祸国殃民，但在遇到圣明的君主时就会完全没有用武之地，圣明的君主是不会容许朝堂之上有奸邪小人的，正如诸葛亮在《出师表》中所说的：“亲贤臣，远小人，此先汉所以兴隆也；亲小人，远贤臣，此后汉所以倾颓也。

但世上还有一种人比奸邪小人更可怕，那就是那些徒有虚名的所谓名人高士，他们披着正统的外衣，却干着非法的勾当，而且很难被发现，只有那些洞察一切的大圣人才知道他们的把戏，才知道对其诛杀。

人上一百，形形色色，所以，在我们的周围不可能都是好人，也不可能没有“小人”和那些徒有虚名的人，对于周遭的人，我们都得擦亮眼睛仔细甄别，遇什么人说什么话，同时也要小心提防那些小人和徒有虚名的人，在与他们打交道时务必考虑周全，最好不要与其发生正面冲突。论实力，他们也许并不强大。但他们不择手段，什么招数都可能使出来。冲突起来，纵使赢了，也会付出代价，惹得一身腥，所以还是躲为上策。

案例

君子剑岳不群

我们经常听到小人和君子之说，人人也都知道要“亲君子远小人”，可是两者之间的区别却很难有一个明显的界限，这个时候就需要我们能够通过自己的观察和智慧甄别出来，到时谁才是君子，谁才是小人了。

金庸先生在其大作《笑傲江湖》中为我们塑造了形形色色的人物，有真正的小人左冷禅，有小人中的君子任我行，有真正的君子方正大师，但是这些人的形象都不如那个包藏祸心的表面君子实则小人的“君子剑”岳不群的形象鲜明。

岳不群是华山派的掌门人，既然在江湖上人称其为“君子剑”，就说明他的品格高尚，可是这样的一个人的真实面貌却隐藏在其君子假面之下。岳不群一直想着光大华山，成为五岳剑派的掌门人，所以他早已经暗中注意到了林家的情况，与青城派余沧海强取豪夺不同，他暗中设计，最终将林平之收为了自己的弟子，不但距离辟邪剑谱更近了一步，而且还在江湖中落下了好的名声。

为了进一步笼络林平之，他设计将与女儿青梅竹马的大徒弟令狐冲赶上了思过崖，又长期让女儿岳灵珊和林平之在一起，巧施美女计彻底赢得了林平之的信任。他自己取得真正的辟邪剑法，同时，嫁祸给了令狐冲，一切尽在算计之中，若不是林平之无意中得知真相，有可能真让这个“君子剑”的阴谋得逞了。在五岳剑派掌门人的争夺中，岳不群还暗中杀死了恒山派定逸师太，刺瞎了左冷禅等人，直到此时，他的真实面目才暴露出来。

在我们的生活中有很多隐藏着自己真实想法的人，他们也许没有恶意，也许对我们有着深深的敌意，我们要在这样的表象中看出谁是真正的君子，只有这样我们才能做到洁身自好，真正的远离小人。

原文

圣人达人之情，故能尽人之用；后世以文法束人，以资格限人，又以兼长望人，天下事岂有济乎！（《智囊全集》）

译文

圣人能通达人情事理，所以才能人尽其才。世人常以成文的法规来约束他人，以资格来限制他人，以兼有所长来期望他人。这样，天下事哪有成功的希望呢？

解读

管理者用人，应该按照事情的走向来定，“观人观大节，略小过”。人无完人，金无足赤，十个手指不会一般齐。毋庸置疑，任何个人，错误都是难免的。对那些有棱角的人才，虽然有毛病，但本质主流是好的，如果用好了，往往能够打开局面，收到事半功倍的奇效，比用那些平淡无奇的庸碌之人不知要强多少倍。

如果老是以成文的法规去约束他人，以资格去限制他人，以兼有所长期望他人，那就一定不能取得成功。然而，现在，我们却有很多事情走到了这条错误的道路上。公务员考试、领导干部考试、各类资格证书考试等，凡考试必有章法，必有文体、思路等限制性硬性规定；各种层出不穷的提拔任用也无不以任职资格作为先决条件，而所有资格无不是管理者可以一手操控的工具；德才兼备也罢，经济社会、安全稳定各种知识无一不包，这样选出来的人自然符合管理者的要求，自然能够做好管理者安排下的任务。但是要说到真正意义上的开拓创新，可能就无人问津，或者就会被各方诘难和指责了。

案例

武则天重用酷吏

作为领导者不但要有识人之能，还要有用人之能，要能够看到不同时期不同人物的作用，只有这样才是具有大将之才的。

武则天当上皇帝之后，曾经一度使用酷吏，很多人都将此作为诟病武则天的一大证据，说武则天是残暴之君，但是他们没有看到武则天的宏韬伟略，正是在一定阶段运用了酷吏，武则天的统治才出现了一定的清明时期。

武则天并不是始终都器重酷吏的，她做高宗皇后的时候反对苛政，希望能够通过黄老之术取得清明的政治，等她自己真正当上皇帝以后，尤其是徐敬业叛乱之后她垂拱而治的理想无法实现，这才开始任用酷吏来打击政敌。像索元礼、周兴、万国俊等这样的酷吏才纷纷出笼，造成了武则天统治时期的恐怖气氛。索元礼是一个胡人，他性情残暴，很善于诬陷别人，死在这个人手中的冤魂数以万计；周兴非常支持武则天做皇帝，他为了逼供发明了很多骇人听闻的刑法，有些人还没有上刑，只是看一眼那些刑具就吓得浑身颤抖；万国俊奉命到广州查问流人阴谋叛逆的事情，他一到那里就杀了三百余人，实在是不分青红皂白就先以酷刑为之。

但是这种局面不过是武则天为了巩固自己政权的权宜之计，当其政局稳定之后，她就开始抛弃这些酷吏统治了，695年，武则天颁布了《减大理丞废秋官狱敕》，重新开始使用黄老之学，实施无为而治。两年以后，酷吏来俊臣被杀，这标志着武则天时期的酷吏统治告一段落了，从此以后武则天再也没有任用过一位酷吏。

通过这件事情我们可以看到，在不同的阶段根据当时的情况采用非常的手段是很有必要的，所以身为领导，一定要有相当强的管理才能，如果只是看到一个人的劣势从来不注重其优势，那么就很难打开局面。只有像武则天这样具有很大的魄力，在必要之时采用必要之手段，任用必要之人才能够事半功倍啊！

原文

孙子曰:“反间者，因敌间而用之。”又曰:“我得亦利，彼得亦利，为争地。”

译文

孙子说:“反间的意义，是在善于利用敌人派遣的间谍。”又说:“所谓兵家必争之地，就是我军占据对我有利，敌军占据对敌有利的地方。”

解读

反间计就是要巧妙地利用敌人派来的间谍为我所用，并达到使敌人内部自行瓦解，消灭敌人的目的。

采用反间计的关键是“以假乱真”，即造假要造得巧妙，造得逼真，才能使敌人上当受骗，信以为真，做出错误的判断，采取错误的行动，最后为自己的胜利打下基础。

反间计中，敌人的间谍之所以有被我利用的可能，就是因为很多间谍都是为敌人所给的钱财所驱使，谁给他钱，他就为谁卖命。如果间谍觉得我们给他的钱比敌人给的优厚，那么他就会转而为我们服务。所以收买敌人间谍的主要手段，就是“厚赂诱之”。

再者就是离间，如果敌人内部团结一致，就会形成强大的力量，难以战胜，而如果从心理上把敌人分散开来，那这时无论从哪个方向攻击敌人，都会感觉到容易得多了。

案例

蒋干盗书

我国古代谋略之书《三十六计》中有反间之计，讲的是巧妙利用对方的间谍为我方做事，这在战争中是很常见的一种计策，这同时也符合《孙子兵法》中讲的“上兵伐谋，其次伐交，其次伐兵，其下攻城”。三国时期蒋干盗书的故事就是一个典型的“反间计”事例。

赤壁之战重要至极，它聚集了很多人的智慧，不但有孙刘联军的基础，还有草船借箭、周瑜打黄盖、借东风等大家耳熟能详的步骤，这其中也少不了蒋干盗书这一环节。蒋干本是曹操手下的谋士，他自幼和周瑜在一起读书，可谓是发小，所以大战在即之时，他毛遂自荐向曹操申请去江东劝降周瑜。

话说这天周瑜正在帐中与众将领商议本次大战之事，忽然蒋干来访，周瑜一下就猜出了对方的来意，于是将计就计带着手下迎接蒋干进了营中。为了安抚蒋干，周瑜设宴款待对方，并且特地解下自己的佩剑对手下说：“蒋干和我是同窗好友，今日来见只是叙旧，大家不要疑心，在此宴会期间谁也不能谈及我们之间的战事，违令者斩。”然后他又对蒋干说道：“我本来在领兵期间是从不饮酒的，今日得见好友到访，内心喜悦，所以今日你我二人就再次畅饮一番吧！”这一喝就是半宿，周瑜喝得酩酊大醉，甚至借着酒兴起身舞剑，边舞边唱：“丈夫处世兮立功名，立功名兮慰平生，慰平生兮吾将醉，吾将醉兮发狂吟。”

周瑜还拉着蒋干不放，说要与其同榻而眠以畅谈整晚，谁知道周瑜喝得太多了还没有怎么样就睡了过去。蒋干是怀着一定目的前来的，何况当时又已经在曹操那里夸下了海口，若不能完成任务真不知道如何是好，于是他趁周瑜熟睡之机去翻看周瑜桌上的文书，其中一封书信看得蒋干是心惊肉跳，原来来信是曹军水军都督蔡瑁、张允写给周瑜的降书。蒋干偷得此书，忽听得周瑜说梦话：“我数日之内，定叫你看曹操首级”，吓得蒋干赶紧睡下了。

第二天一早，周瑜的手下就喊周瑜说道：“江北有人……”话没说完就被周瑜制止了，假装熟睡的蒋干听得那人在帐外跟周瑜谈到了蔡瑁、张允的名字。没一会儿周瑜回到帐中继续睡了起来。趁此机会，蒋干偷偷跑到江边，找到一艘小船回到了曹营报信。曹操一见蒋干偷回来的书信勃然大怒，立刻派人处死了蔡瑁、张允两人。其实这一切都是周瑜定下的妙计，因为当时曹操率八十万大军南下，军中只有蔡、张二将精通水战，便设下此计，从而借助曹操之手杀掉了这两个人。

所谓兵不厌诈，周瑜正是掌握了反间计的技巧才能够在重要的战役中将计就计，从而使得自己一方取得了战争的胜利。

原文

信陵邯郸之胜，决于椎晋鄙；项羽巨鹿之胜，决于斩宋义。夫大将且以拥兵逗留被诛，三军有不股栗愿死者乎？不待战而力已破矣，儒者犹以擅杀议刑，是乌知扼要之策乎？（《智囊全集》）

译文

信陵君所以能完成救赵使命，关键完全在能当机立断，椎杀晋鄙；而项羽所以能在巨鹿取得胜利，关键在毅然决定杀死宋义。大将拥重兵而逡巡不前，势将招来杀身之祸；三军将士的战志激昂，不必交战敌人就会闻风丧胆。

解读

如果你失去了金钱，失之甚少；如果你失去了朋友，失之甚多；如果你失去了勇毅，你就失去了一切。

《论语》载，子路曰："君子崇尚勇乎？"子曰："君子义以为上。君子有勇而无义为乱，小人有勇而无义为盗。"这是说，必须以正义和道德为前提的勇毅才是真正的勇毅，否则，君子的勇毅就会成为作乱的盲目的勇毅，小人的勇毅会成为盗贼。

所以，真正的勇毅要明辨是非曲直、善恶奸佞，惩恶扬善才是真勇毅。而勇毅者本身应当是高尚和正义的。

闪烁着种种勇毅美德的光辉行为是否不止一次让你热血沸腾呢？其实，

勇毅不一定都是在危难之际才得以表现的，人生就意味着冒险，不选择奋进就只有失败，所以在生活前进的道路上，在事业发展的征途中，你一样需要拥有一往直前的勇毅。只有有了这样的勇毅，你才会冲破重重阻碍，把自己打磨得更坚强、更执着，更易于接受生活的挑战。

案例

鉴真东渡

生命中有很多值得拥有的东西，其中勇毅是你人生必不可少的一项利器，在很多情况下你的成败就在于是否真正拥有了勇毅。

鉴真是我国唐朝时期著名高僧，他受日本邀请前后六次东渡最后终于到达了日本，为佛学的传播和两国之间的交流做出了巨大贡献。鉴真本姓淳于，14 岁的时候在扬州出家。由于他刻苦好学，所以即便不是从小就身入佛门，他也在中年时期成为了很有学问的僧人，经过一段时间的游历之后，他名声更加远播，还被人们尊称为授戒大师。

与此同时，佛教也传到了日本，但是因为其戒律尚未完备，没有办法举行授戒仪式，所以当年跟随遣唐使来到我中原地区的僧人荣和普照就请求鉴真东渡日本，能够为其传授戒律。东渡日本在当时来讲是很困难的事情，何况要舍弃自己多年来在唐朝建立的尊严，鉴真的弟子们大多反对，但是怀着对佛法的赤诚之心，鉴真还是毅然决定东渡。

从 742 年开始，鉴真就开始准备东渡，但是由于地方官员的阻挠和海上自然情况恶劣，所以鉴真前四次东渡都没有成行，第五次东渡的时候鉴真已然到了花甲之年，虽然船已经开到了海上，可是船只居然飘到了海南岛，日本僧人荣和普照也病死了，鉴真的双目又失明了，这一系列的挫折并没有打消鉴真的勇毅，他终于在第六次东渡的时候到达了日本。

鉴真东渡的时候带去了很多的佛经，在当地受到了人们的欢迎，他主持了很多的佛教仪式，系统地为当地人们讲说佛经，可以说是日本佛界的一代宗师，所以日本人尊称他为“过海大师”或者“唐大和尚”。除了在佛学上的贡献，鉴真还用带去的医书大大提高了当地医生的行医水平，并且将唐朝高超的建筑、雕塑艺术传给了日本，由鉴真和尚设计并主持修建的唐招提寺可谓是寺庙建筑史上的一朵奇葩。而鉴真本人也深受日本人的爱戴，他去世之后其弟子为他制作的坐像，被人们供奉至今，还被定为“国宝”。

如果鉴真没有过人的勇毅精神，那么他是无论如何也不能突破重重阻挠，历经波涛巨浪而到日本传播佛学的，我们如果在自己的生活工作中遇到困难的时候，想一想鉴真东渡的勇毅，想来一定获益匪浅。

纾祸卷 第十

原文

气犹火也，挑之则发，去其薪则自熄，可以弭乱，可以息争。（冯梦龙《智囊全集》）

译文

怒气就像是火，去挑拨它会越烧越旺，如果抽去木柴，火自然就会熄灭。妥当处置可以消弭祸乱，也可以平息战争。

解读

在我们的日常生活中，愤怒是人们常有的事，它是情绪的一种反应，它虽然可以真实地暴露一个人的内心，但是如果不加遏制，则怒气不仅会损害人的身心健康，而且还有可能伤害别人。

俗话说："怒从心头起，恶向胆边生。"在我们的生活中，经常可以看到因为一点很小的事情而酿成大祸的例子。其实它们往往用一句"对不起"或者"没关系"就可以有个皆大欢喜的结局，最后却反而因为不合时宜的"怒气"，搅得事情到了无法收拾的地步。

人生是短暂的，因为一些鸡毛蒜皮、微不足道的小事而耿耿于怀，浪费自己的时间、耗费自己的精力都是不值得的。对每个人而言，都应该控制一下自己的怒气，不是因为你没有愤怒的理由，而是因为你没有愤怒的必要，因为你的怒火并不是解决矛盾的根本手段。

案例

诸葛亮三气周瑜

俗话说气大伤身，一个人在盛怒之中难免会做出错误的判断，就是判断正确的情况下对个人身体健康也不好，历史上有很多关于生气的故事。罗贯中根据三国历史创作出来的文学作品《三国演义》中就为我们讲述了诸葛亮三气周瑜的动人故事。

赤壁之战以后，周瑜和诸葛亮两个人约定好了去攻打南郡，东吴先打，蜀国后打，要是周瑜失败就不能管蜀国的事儿了。谁想到周瑜前去夺取南郡一上来就失利了，自己还受了伤，但是周瑜马上将计就计打败了曹军。而此时诸葛亮已经率领蜀军夺下了南郡。

诸葛亮第二次气周瑜是在刘备夫人死以后，当时周瑜给孙权设下了计谋，说两家联姻，孙权要将自己的妹妹孙尚香嫁给刘备，借此机会将刘备骗到东吴并且杀了他。谁想到孙权的母亲觉得刘备是可造之材，不允许人们伤害刘备。周瑜就希望能够将刘备长期与自己的兄弟军师等人隔离，使其沉溺于温柔乡中乐不思蜀，但是这个计划又被诸葛亮识破了。诸葛亮用计谋将刘备接到了荆州，还打败了周瑜，甚至让手下人嘲笑对方是“赔了夫人又折兵”。

后来刘备准备壮大自己的实力，就向东吴借了荆襄九郡，孙权怕养虎为患就一而再再而三地让刘备归还荆州。诸葛亮刘备二人定计答应对方只要占领了西川就归还此地，但是蜀军就是迟迟不进攻，周瑜就假意地帮助蜀军夺取西川，实际上想要抢下荆州，这个计划又被诸葛亮识破了，他派军队包围了周瑜，最后竟然活活将其气死了，周瑜临死之前说下了那句千古名言：“既生瑜，何生亮。”

虽然《三国演义》的故事有很多都是虚构的，历史上的周瑜也是一个气度非凡之人，但是这“三气”的故事却告诉我们生气对自己是没有任何好处的，所以我们应该学会控制自己的脾气，不要动不动就将自己陷于生气中。

原文

危峦前厄，洪波后沸；人皆棘手，我独掉臂。动于万全，出于不意；游刃有余，庖丁之技。(《智囊全集》)

译文

前面有险峻的山峰挡住了去路，后面又有洪水逼来；人人都会感到棘手，只有我挥动手臂，有所作为。有了万全之策再动，一动就要出其不意；游刃有余，就像庖丁解牛一样。

解读

对于我们平常人来说，牛无疑是很复杂的，但是庖丁为什么能一刀下去，刀刀到位，轻松简单呢？是因为他经过了长期解牛的反复实践，不断积累经验，认识和掌握好了解牛的内在规律，所以才能游刃有余。

我们所处的社会复杂多变，我们所面对的人生道路也困难重重，但只要你能直面生活，在生活中用心反复实践，不停地重复，所谓“冰冻三尺，非一日之寒”，只要透解和领悟了生活的道理，摸准了其中的规律，那么在困境面前，你就能和庖丁一样，做到目中有牛又无牛，化繁为简，出其不意地化解危机，在困难面前真正做到游刃有余。

案例

唐僧历经八十一难

人生不如意事十之八九，但是只要我们能够坚定自己的信念，那么就等于有了万全之策，即便是再多的困难也不能够将我们打倒。

吴承恩根据唐朝僧人唐玄奘历经千辛万苦去天竺取真经的故事创作了著名的神话故事《西游记》，这里边师徒四人同去西天取经，每个人都有着自己独特的个性，里边的唐僧虽然胆小怕事，却是其中信念最坚定的一员。

孙悟空出生于神石之中，武艺高强，疾恶如仇，但是却有着天然的野性，所以当年大闹天宫以后被佛祖压在了五指山下，直到“有缘人”出现。孙悟空有感于唐僧还其自由，受到佛祖的指示帮助唐僧踏上了西去之路。但是，孙悟空依然是难以全身心地投入西天取经的事业中去，他不懂如何与人相处，所以还出现了“真假美猴王”的事件，直道最后才了解了“佛”的真谛。猪八戒因为犯色戒被贬下凡投胎做了一头猪，但是他却色心不改，意志不坚。先是被菩萨设计穿上了珍珠衫，然后又多次在危难之时吵吵着散伙，各回各家。要不是孙悟空的武力打压，沙和尚的好心相劝，师父的百般安抚，八戒势必是难成正果的。沙和尚在西天路上最大的优点就是一心一意地追随唐僧，但是脑子却不够灵活，所以每当遇到事情的时候都直接想到“大师兄”。

这些人的主心骨是唐三藏，他坚定了西天取经的决心，立志取来大乘真经解救天下的人类，从“出生几杀”开始历经各种磨难，最后终于以九九八十一难圆满地修成了佛。如果不是在复杂万千的艰难险阻中寻到那制胜的法宝——坚定的信念，那么他如何能够取得真经呢？也许，唐僧早已沉浸在女儿国国王的温柔乡中不能自拔了，也许唐僧早已成为了那些妖精口中的美餐了。但是，这许多的也许都在唐僧的坚持中化成了“也许”。

我们在人生中面临的众多困难，想来比唐三藏面临的九九八十一难要简单得多，无论什么情况，我们只要在复杂的形势中抓住主要问题，用唐僧取经的精神去解决问题，那么我们一定不会失去自己前进的方向！

原文

小白不僵而僵，汉王伤而不伤。一时之计，俱造百世之业！（《智囊全集》）

译文

公子小白受了管仲一箭，本来没有怎么伤，却假装被射死；刘邦受了项羽一箭，已经重伤，却假装没事。他们两人都是因为一时的机敏应变，而成就日后百年的基业。

解读

自古以来，兵家就有“兵不厌诈”之说。更有智者，认为它是军事谋略的基本特征，甚至有“兵善用诈”的说法，这是军事上的一种诡道，用来迷惑敌人，给敌人造成错觉使其做出错误的判断，从而战胜敌人，这也是一种智慧的较量。因为在战争中没有仁义、诚实可言，只要有利于战胜对方，什么手段都可以使用。特别是在敌我双方的殊死搏斗中，墨守“仁义”“礼让”，只会带来灭顶之灾。

古时用兵是这样，在当今的商战中也是一样。随着市场形势的日益严峻，竞争态势的日渐惨烈，一些正统的商场策略已不能解决商家亟须解决的问题，这时就不得不采用一些非常规的诡诈之术来出奇制胜，这也是商业竞争中的一种谋略。

人们在社会生活中，如果主动遵循常规定理，可以顺利应付各种事变，取得成功，然而如果我们能发挥我们的能动性，有时也反常规定理而用之，采取灵活机动的权宜办法，则会应变得体，收到更好的效果。

案例

蜀国开国皇帝刘备

人们常说："兵者诡道也"，这就是说战争中要想取得战争的胜利是可以采用一些非常手段的。古代有很多这样的事情，东汉末年刘备能够在群雄中脱颖而出成为蜀国的开国皇帝，在很大程度上是与其采用灵活的方法分不开的。

刘备被后人认为是著名的政治家，年少时期曾经拜东汉末年的大儒卢植为师，与关羽、张飞三人桃园结义。后来刘备参加了镇压汉末农民起义——黄巾大起义，刘备因为镇压起义军有功，所以被封为安喜县县尉，但是时间不长就被遣散了。

后来他被招募到何进的军队中对抗袁绍，因为屡建战功所以又被封了官职，领平原国相。刘备任职期间对外抵御贼寇，对内乐善好施深得民心。在这其中还救过当时的知名人士孔融、陶谦等，为自己赢得好的名声奠定了基础。徐州牧陶谦临终之前将徐州托付给了刘备，刘备两次得徐州、两次失徐州又投奔了袁绍，而后多次颠沛流离依附于不同的诸侯，最后到达刘表之地，得到对方的热烈欢迎。

208年，曹操率领80万大军南下准备一统中国，刘备运用诸葛亮的谋略联合东吴孙权，与周瑜率领联军火烧赤壁，大败曹军，而后刘备又南收荆州四郡，加上他从孙权手中借来的江陵，总算是占据了荆州五郡。从此以后，刘备以此为根据地一路向西南方向发展，最后终于建立了蜀汉政权。

从刘备建业的过程中，我们可以发现其性格中坚韧不拔的一面，他刚开始的时候没有分寸之地，却依然屡败屡战，即使像丧家之犬一样东西奔走，却不失其志。刘备做事从来不会墨守成规，他自己说自己"每与操反，事乃成尔"，也曾经在刘表手下忍辱负重，只为了今后能够成就霸业。所以陈寿在《三国志》中说刘备是依靠其弘毅宽厚，知人待士，百折不挠的精神才成就了帝王之业的。

刘备成就大事业的故事告诉我们，在人生的道路上没有一条路是必定指引我们走向胜利的，只要有着聪明的头脑，在任何时候都能够有谋略，然后出奇制胜就一定能够成就一番事业！

原文

祸生有胎，惟人自召，然或出于无妄者，智士当之，自能转阴霾为霁景，化风涛为坦途，岂若梦梦之夫，束手以待毙善哉！（《经世奇谋》）

译文

祸患的产生有它的根源，那都是人们自己招惹来的。然而也有无缘无故的意外之灾，聪明的人遇到这种灾祸，自然能够驱散阴霾见到晴天，化凶险为坦途。怎么会像那些懵懵懂懂的人，整天束手无策而坐以待毙呢！

解读

每个人的生活都不可能是一帆风顺的，在我们成长和成功的道路上，总是会遇到这样那样的问题和困难。面对这些困难和挫折，大多数人都会痛苦、自卑、怨恨，甚至失去希望和信心而坐以待毙，这是不可取的。既然困难是不可避免的，那么我们就应该学会积极地去面对它，适时转变自己的思路和做事的方法。

积极面对困难，就不要去夸大它。有的人在遭遇困难和挫折时，不仅坐以待毙，而且喜欢夸大痛苦，无病呻吟，妄图博得大家的同情，其实这是很愚蠢的行为，因为积极的人生，不会把痛苦放大，更不会因为挫折而停止前进的脚步，只有勇敢积极地去面对，才是化解挫折和痛苦的良药。

成功没有平坦的大道可走，只有敢于面对现实，不怕失败的人才能到达成功的彼岸。我们要有接受问题和困难的心理准备，认识到祸患不是不可逾越的障碍，每一个困难都是一次挑战，每次挑战都是一次机遇，战胜困难就等于抓住了机遇。学会了面对与承受，生命也才有了独立的支撑。

案例

肃顺计救左宗棠

人生在世都不可能一帆风顺，但是面对着同样艰难的人生，不同的人选择的人生态度是不同的，有的人可能在困难中一蹶不振，有的人则会在险境中抓住机会，从而成就成功的人生。

左宗棠是清朝著名的政治家，最初的他恃才自傲，几乎引来了杀身之祸。左宗棠参加科举考试中举，但是朝廷并没有给他任何官职，他就到湖南巡抚骆秉章的身边做了幕僚，在其做幕僚的时候，总揽当地大权居然有6年之久。按照清代的律例，各地政府的官员可以由幕僚帮助处理事务，但是又不能让幕僚把持政务，如有此种情况发现可以将其就地正法。时任湖广总督的官员官文因为与骆秉章之间有着很大的矛盾，所以他知道左宗棠以幕僚身份总揽大权之后，立刻将此事汇报给了朝廷。皇上看到这个奏折之后很是生气，就命令官文去秘密查实这件事，并且准许他一经查实，立刻将左宗棠就地正法。

王爷肃顺非常欣赏左宗棠，当他收到消息以后非常着急，于是就想了一个办法辗转将此事告诉了左宗棠的同乡，时任翰林院编修的郭嵩焘。郭嵩焘向来崇拜左宗棠，听了这样的消息赶紧请求肃顺以及其他官员相救。他们运筹帷幄终于使得一些汉族官员上书咸丰帝，向皇上谢了保荐书，给朝廷推举左宗棠。

一边是控告、一边是举荐，咸丰帝看到两种截然不同的奏章内心疑惑，于是问肃顺的意见，肃顺趁机对皇上说："我听人说左宗棠有治理天下的大才华，他在骆秉章处担任幕僚，做事井井有条，骆秉章这些年治理当地的成效和功绩都是在左宗棠的帮助下才建立的，现在国家正需要这样的人才啊！"咸丰帝觉得肃顺所说有理，就将官员们的保荐书发给官文，官文一看就明白了皇上的用意，左宗棠因此得以保全性命。

肃顺"不拘一格降人才"，凡是真正有才华的人他都保荐，但是并没有直接忤逆皇上的意思，这样的智慧实在值得身处逆境中的我们学习啊！

原文

虏众多，吾兵少，虏见吾灶日增，必谓郡兵来迎，众多行速，必惮追我。孙膑见弱，吾今示强，势有不同也。(《经世奇谋》)

译文

敌人人数多，我们兵少，敌人见我军的灶每天都在增加，必定认为是武都郡的士兵来接应我们了，援军人多、行军速度快，必然不敢来追我们。孙膑减灶是为了示弱，我现在增灶是为了示强，形势不同啊。

解读

水无常形，兵无常势，世间的强弱也并不是绝对的。在困境面前，一个人虽然不太容易马上改变自己的强或弱，但却可以通过示强或示弱的方式来为自己争取有利的位置。

如果你的对手实力很强，并且超出你很多，那么你没有必要为了面子或意气而与他硬碰硬，否则可能会毁了自己。此时就不妨向对方示弱，以麻痹对手，从而为自己赢得生存的空间。而如果你的对手比你弱，那么就要表现你比他“强”的一面，好让他望而生畏，知难而退。

不管是示强还是示弱，更多的是一种保全自己的手段，保全自己后还有没有必要反击就需要视情况而定，加以权衡了，毕竟在险境中能够生存下来才是主要目的。

案例

齐桓公伐楚盟屈完

在与人的交往中，我们每个人都要运用一定的方式方法保全自己，这时候不论你采用怎样的方法都要经过深思熟虑，只有这样你才能够在艰难危险的境地中生存下来。

春秋时期齐桓公开始称霸，他率领着几个诸侯国的联军去攻打了蔡国，胜利以后乘胜追击，直接开到了楚国的边界，准备进攻楚国。当时楚国国君楚成王就派了一个叫作屈完的人做使节与齐桓公谈判。

屈完说："齐王您在北方，我们楚国在南方，就好像牛马不能匹配一样根本不可能与对方发生任何关联，可是您却率领军队进入我们的疆域，这是为什么呢？"齐桓公的相管仲对答："从前周天子曾经授命于我们的先祖说，全天下的诸侯领地，全九州的长官，你都有权征讨他们，以便帮助周天子治理天下。王室每年祭祀的苞茅是你们进贡的，可是你们却没有按时上缴，我现在就是替天子来要贡品的。当年周昭王南巡来到你们国家的境内居然没有能够返回去，我就是来替天子问这件事的。"屈完不卑不亢，回答道："我们没有缴纳贡品这是我们不对，可是我们怎么敢不缴纳呢？这件事马上就能办好。至于说周昭王没有能够回去，这也不能怪我们啊，他被河水冲走了，至于这件事您只能去问河水了！"

诸侯军并没有撤走，而是驻扎在召陵这个地方，齐桓公还邀约了屈完一起去观看整个军队布局。在看了诸侯大军之后，齐桓公问道："你看我们这么多的军队，难道是为了我的个人利益吗？其实还不是为了能够继承我们祖祖辈辈之间的友好关系？你觉得我们签订盟约怎么样呢？"屈完回答："承蒙您看得起，如果和我们建立友好的盟约这正是我们国君多年的心愿啊！"齐桓公说："你说我们这么强大的军队谁可以抵挡呢？我们可谓是攻无不克战无不胜啊！"屈完听后凛然说道："如果大王您是用仁德安抚我们，我们一定顺服，可是如果您要用武力镇压的话，那么我们楚国就把山作为城墙，把河作为护城河拼死抵抗，如果这样的话，您的兵马再多对我们来讲也是无济于事的！"齐桓公听了屈完的话就与楚国签订了友好同盟。

屈完在齐桓公大军压境的紧急情况下挺身而出，动之以情、晓之以理，可以做到谦恭有礼，面对诸侯联军不卑不亢，表达了楚国人民的决心，可谓有张有弛，也正是因为他的优秀表现使得楚国避祸而去。我们在人事交往中，也应当有屈完这样的精神和能力，这样的话，无论我们面对怎样的对手都能够做到有进有退，全身而存。

原文

夫舍私憾而全忠良，英雄之略也。弃谋臣以资仇敌，智者不为也。(《经世奇谋》)

译文

舍弃私人的恩怨而保全忠良之士，是英雄的谋略。抛弃谋臣去帮助自己的仇敌，这是聪明的人不会做的事。

解读

自古以来人们常说得人才者得天下，曹操也曾经说过：成大事者，不能没有钱，而又不能全靠钱，而比钱更重要的则是人才。在当今激烈的商业竞争中，哪个企业能得到人才，哪个企业就有可能是赢家。所以，无论是古代、现代还是将来，人才都是一个企业或团体组织的第一要务。

人才固然重要，但怎样才能把这些人才留在身边，为我所用，也是很重要的。让人才为之心动的，不外乎是“情义”或“利益”，如果能将二者并用，在知人善任之外，可以用钱财来招揽人才、留住人才，那么在人才的竞争上必定会占据优势。

在古代，谋臣的流失可能会导致一个国家的灭亡，在如今，人才的流失也可能会导致一个企业的破产。人才的流失不仅是一种损失，也是一种浪费。所以作为一个领导者，不仅要懂得任人唯贤，更要知道如何留住人才。

案例

庞统换主

冯小刚的电影《天下无贼》中通过葛优饰演的角色说了这样一句话:“21世纪最缺少的是什么?是人才。”其实,不仅仅是21世纪需要人才,从历史角度来讲,任何时期、任何朝代都是需要人才的。

三国时期能够和“卧龙”诸葛亮相提并论的人并不多,其中有一个被称为“水镜先生”的司马德操算一个,还有一个就是我们今天要说的有“凤雏”美名的庞统了。庞统是襄阳人,为人朴实,从表面上并不能看出其聪慧,但是他确有真才实学。庞统20岁的时候去见以识人见长的司马徽,司马徽坐在树上,庞统坐在树下,两人相谈甚欢,从白天一直说到黑夜,经过这次交谈,司马徽对庞统有了很深的了解,并且对旁人说庞统是南州一代水平最高的士子文人。

徐庶曾经对刘备说:“卧龙凤雏,得一而可安天下!”所以刘备三顾茅庐得到了诸葛亮的帮助,而庞统在哪里呢?开始庞统在东吴营中做周瑜的功曹,在赤壁之战中,孙刘联军火烧曹营取得了三分天下的基础,而后周瑜出任了南郡太守,在准备进攻西川的时候暴病,此时的庞统为其送丧,可惜此时的孙权并没有看到庞统之才,以其长相丑陋为由而没有重用他。庞统准备回返之时,很多人都来送行,庞统深知其意,就一一地评价了很多人,这其中就包括陆绩、顾劭、全琮等人,他识人甚准,为人又中肯,所以这几人都与庞统有了深交。

刘备后来占据了荆州之地,庞统就又以从事的身份任耒阳县令,但是因为不理政务又被免职了。东吴的鲁肃就给刘备写了一封信,对刘备说庞统不是做县令的材料,但他是具有经世治国之才的,让这样的一个人去做县令实在是大材小用啊!平素诸葛亮也对刘备谈起过庞统,之前徐庶的话也一直萦绕在刘备耳边,所以刘备立刻宣召庞统,与其进行深谈。一番交流之后,刘备发现庞统果然是能够与诸葛亮并驾齐驱的,从此以后任命他和诸葛亮同为军师中郎将,与其的亲密程度堪比孔明。

孙权因为庞统长得难看就忽略了其内在才华,使得这样一位安邦之才到了刘备军中。历史总是给我们以经验:在任何情况下,掌握人才对一个领导来讲都是很重要的。

原文

园中有树，其上有蝉，蝉高居，悲鸣饮露，不知螳螂在其后也；螳螂委身曲附欲取蝉，而不知黄雀在其旁也；黄雀延颈欲啄螳螂，而不知弹丸在其下也。此三者，皆欲得其前利而不顾其后之有患也。(《经世奇谋》)

译文

花园中有树，树上有蝉，蝉高居在树上，边唱歌边饮着露珠，却不知道螳螂在它的后面；螳螂低伏着身子想抓蝉，却不知道黄雀躲在它旁边；黄雀伸长脖子想去啄螳螂，却不知道下面的弹丸已经瞄准了它。这三者，都是只想得到眼前利益而不考虑身后存在的祸患。

解读

树上的蝉，蝉身后的螳螂，螳螂身后的黄雀，都只看到了眼前唾手可得的利益，得意忘形之际却忽视了身后可能存在的危险，结局可想而知，到最后只能功亏一篑。

做事只考虑眼前利益，不顾身后祸患的人难免会鼠目寸光，目光短浅而缺乏远见。有许多人不明白其中的利害关系，更有一些人为了眼前的一些蝇头小利，不顾后果。最后，遭到报应的还是自己。

而如果我们想问题做事情能从全局出发，深思熟虑，则可以省却很多不必要的麻烦。特别是在我们将要成功的时候，更不可以掉以轻心，要能想到周围可能存在的危险，提高警惕，防止祸患的发生，千万不可沾沾自喜，得意忘形。所以做事要把眼光放远一点，不要只见树木，不见森林，而断了自己的后路。

案例

螳螂捕蝉

我们在自己的生活工作中应当具有高瞻远瞩的能力，不要被眼前的蝇头小利所迷惑，只有这样才能够从全局出发，深思熟虑，避免不必要的损失。

春秋时期虽然周天子式微，众诸侯开始争霸，但是当时的霸主也都需要周天子的承认。吴国自从建国以来还没有去朝见过周天子，直到寿梦即位，他任用贤能并且开始与中原地区交往，还和当时中原强国晋国结盟，学习了很多中原先进的军事方法。吴国一天天强大起来，这时候，吴王寿梦就开始准备攻打相邻的楚国以参加到众诸侯的争霸中来。因为条件尚不成熟，吴国的大臣们基本都持反对意见，但是寿梦却一意孤行，众大臣的建议全都听不进去，甚至勃然大怒颁布了一条法令："谁敢反对我攻打楚国，就将谁处以死罪。"这话一出，众大臣都非常惊慌。

如果继续劝说吴王那么会给自己招来杀身之祸，但是不阻拦吴王国家就会遭殃，在这种情况下有一个身为国君侍卫的年轻人想到了一个办法。连续三天，这个青年都拿着弹弓在后宫的花园里转来转去，不知道在寻找什么，他成功引起了吴王的注意，国君问他在做什么，这个青年回答道："我看见花园里有一只蝉，它每天开心地一边歌唱一边喝着露珠，过得悠然自得，但是它却没有发现身后有一只螳螂正在偷偷地向它靠近。螳螂只看到了眼前的美味，可是谁知道自己身后有一只黄雀正要将其当成盘中餐呢？黄雀只顾高兴地看着眼前的美味，它哪儿又会知道我早已经拿着一把弹弓瞄准了它呢？这三只动物都只看到了眼前的利益，根本没有重视身后潜在的杀机啊！"吴王听了以后觉得该人说得颇有道理，所以就停止了进攻楚国的计划。

这个青年以类比的方式进谏实在是聪明，而吴王也从中看到了自己进攻楚国背后的危机也称得上是一位明君。这个故事告诉我们，只重视眼前利益而不管后果如何就贸然去做，那么就会有灭顶之灾等待着我们！

原文

日，并烛天下者也，一物不能蔽也。若灶则不然，前人之炀，则后之人无从见也。(《经世奇谋》)

译文

太阳，可以普照天下万物，什么都不能遮蔽它的光芒。然而灶却不一样，前面有人在烤火，后面的人就看不到灶火了。

解读

太阳普照万物是因为它对世间万物的一视同仁，灶前烤火蔽其光是因为它是偏听偏信。我们做人应该像太阳一样，把自己的光芒洒向大地，普照世间的万事万物，那么就没有什么东西可以遮蔽我们的光芒了，而不要学灶火，只听信于眼前的人，而让自己的光芒被蒙蔽，从而被人玩弄于股掌之间。

在生活工作中，尤其是待人处世上切不可偏听偏信某人的只言片语，因为这样难免会发生一些误会，造成别人的误解，以至于恶化与朋友之间的亲密关系，或者与他人之间的合作关系，还容易让那些狐假虎威的小人坏了风气，扰乱了秩序，进而从中获利。所以，我们要擦亮自己的眼睛，明辨忠奸，不要让一些小人的言行蒙蔽了我们的双眼。

案例

宋高宗重用秦桧

作为一个领导者应该能够做到广开言路，听取不同方面的意见和建议才能够做出正确抉择，如果只是信任一两个人的话就会造成偏信偏听，从而造成严重后果，我国历史上这样的教训并不少。

北宋末年，宋徽宗和宋钦宗父子二人被金人俘获之事史称“靖康之耻”，这标志着北宋的灭亡。当时跟随徽、钦二宗同被俘获的还有一批北宋朝廷的大臣，历史上有名的奸臣宰相秦桧就在其中。

秦桧本来是一个抗金义士，但是被金俘虏以后回到南宋就成为了主和派的代表人物。宋高宗赵构建立南宋以后，一直在战与和之间摇摆，如果一味主和，那些四起的义军是没有人愿意承认这个朝廷的，何况当时金国一路南下，战事不断也不允许宋高宗乞和，所以开始高宗还是主张与金人大战的，甚至在群臣的要求下还御驾亲征过。可是随着时间流逝，战争并没有给宋高宗带来实质性的好处，而从金人朝廷中回来的秦桧一回来见到赵构就为其立下了“南自南，北自北”之议，而恰巧金人的主战派将领去世，新任职的人们对南宋采取了诱降政策。秦桧又凭借自己的三寸不烂之舌逐渐取得了皇上的信任，宋朝内部的主战派之间出现了一些矛盾，这所有的一切使得高宗越来越宠信秦桧，从而使得国家的政治倾向走上了主和的道路。

赵构打定了与金人和谈的主意以后，就任命秦桧作为全权代表，从此以后，秦桧得到了高宗无条件的信任，于是秦桧就掌握了朝廷的实权。当时有一个反对讲和的大臣叫胡铨，因为反对秦桧的意见被秦桧打压了下去，后来又被秦桧假借皇上之手判以极刑。

谁知宋金讲和以后没有多久，金国内部就发生了矛盾，其主战派金兀术上台，他挥兵直下，一路取得了河南、山西等地，这期间岳飞等抗金将领在老百姓的支持下给予了金军痛击，当时只要是岳家军经过的地方可谓是攻无不克战无不胜。但是秦桧却依然主和，为了将岳飞召回来，高宗皇帝在一天之内下了12道金牌。以后秦桧更加不遗余力地迫害岳飞，终于在1142年以“莫须有”的罪名将其杀害了。

宋高宗赵构偏信偏听，不听其他人的意见和建议，只是一味地宠信秦桧，只要是秦桧说的他都同意，最后冤杀了忠臣，失去了复国机会，真可谓是赔了夫人又折兵啊！

原文

天下无穷不肖事，皆从舍不得钱而起；天下无穷好事，皆从舍得钱而做。自古无舍不得钱之好人也！（《智囊全集》）

译文

天下有很多不幸的事，都是因为舍不得钱财而引起的；天下也有很多美好的事，都是舍得花钱而做到的。自古以来就没有吝惜钱财的好人。

解读

我们的生活，我们的社会，似乎都在围绕着钱财打转，一切关于钱财的话题人们也不再遮遮掩掩。的确，钱财可以为人们带来吃穿住行，满足我们的物质需求，但同时我们也应该认识到钱财并不是万能的，如果眼里只有金钱和利益，最终也只能被金钱所奴役，钱财存在的价值也只能等于朽木，毫无意义。

要把眼光放远一点，不要只见树木，不见森林，而断了自己的后路。自古以来，成大事的人都不是吝惜钱财的人，因为他们目光都放得比较长远，不会为一时的钱财或利益所限，他们要么仗义疏财，要么乐善好施，对于他们来讲，钱财好像真的如身外之物。而实际上，他们的这些举动最终往往能为他们带来比当初付出的钱财更为丰厚的回报。他们失去了小利，最终却收获了人心，为他们带来了大利。

所以，不吝啬眼前的利益，你的脚步才会走得更远。能够看到别人所看不到的，才是成功者最大的特征。

案例

“小旋风”柴进

金钱在我们的生活中是必不可少的，但是只重视眼前的金钱利益而不讲究大义是不会被人尊重的，所以古人讲究仗义疏财，江湖侠义精神也非常重视这点。

施耐庵在《水浒传》中为我们塑造了一位仗义疏财，喜欢结交天下英雄豪杰的人物——柴进。柴进出身高贵，追溯起来是周世宗的嫡派后代，因为当年陈桥兵变之时周家让位的恩德，所以家中藏有当年赵匡胤赏赐的丹书铁券，可以用来免除死刑等大罪，在梁山好汉中排名第十位，人称“小旋风”。柴进本身就武艺高强，又喜欢结交天下的英雄好汉，被人们称为“现世孟尝君”，家中的门客也多为侠义之士，为了维护江湖义气，他不但救助那些被发配的人，甚至不畏朝廷强权，连那些杀了朝廷命官的豪客他都敢收留在府上。

柴进的这种做法和当时整体社会情况息息相关，作为有真知远见的豪绅，为了巩固自己的地位，为了保障自己的权利，仗义疏财是必须的，只有这样才能够在动荡的局势中保有自己的利益。当然柴进的这些做法也的确为其带来了真正的好处，当他被新晋贵族殷天锡欺负的时候，李逵这样的江湖豪杰自然会想到他的好，就前来府中求助于他，所以天下人才觉得柴进是一时不可多得的人物，人们都亲切地叫他“柴大官人”。

当然了，柴进因为出身相对高贵，所以也有一定的局限性，他始终不能和百姓们融为一体，比方说一般的人来投靠他的时候，他只是给对方酒肉、米面和金钱十贯，而像林冲这样曾经在朝廷供职过的名人前来投奔的时候，他特地吩咐下人杀猪宰羊，举办盛大酒宴迎接对方的到来。所以柴进不能体察民情，虽然在梁山上排名第十，堂堂一个天贵星也只能掌管钱粮罢了。

柴进可以看到仗义疏财背后的好处，所以并不特别关注金钱利益，但是作为其局限的一面还是不能够真正地摒弃所谓的“身外之物”，所以有着一定的缺陷。我们应该从他身上看到，当你真正能够做到不吝啬眼前之利的时候，你才会在人生旅途上走出自己的一片天。

原文

三人头目，能使其众者，且积猾也，然离众亦不能哗，遂甘罚服。此亦处骚扰之一法。(《智囊全集》)

译文

三个人都是夷人的头目，都能指使其属从，而且累积许多狡猾的经验，但一旦遭到隔离，就起不了什么作用，只有甘受惩罚。这也是处置骚乱的办法之一。

解读

擒贼擒王，是古人在用兵打仗的时候常用到的计谋，在攻打敌军主力的时候，只要能抓住敌方的首领，将这些首领降服了，就能瓦解敌人的整体力量。唐杜甫诗中说："挽弓当挽强，用箭当用长。射人先射马，擒贼先擒王。"这里所谓的"王"就是一个国家或者组织的首领或核心人物，是发挥整体力量的枢纽和关键，一个国家或组织的形成和发展都得依靠这些少数的关键人物，而一旦这些关键人物不在了，其他的人就会像树倒猢狲散一样被瓦解和消灭。

这个道理在生活中同样有用，当我们与人竞争时，我们都可以设法先消灭对方中的主要敌手，让敌方先失去主心骨和方向，再乘机逐个消灭。因为枪打出头鸟，而出头鸟就那么几个，大多数人都还是害怕当那个被打的出头鸟，做事总是习惯随大流的，所以只要设法控制和消灭掉少数的几个关键人物，往往就能影响对方的发展，控制他们，为自己开拓出一个新的局面了。

案例

擒贼先擒王

一支部队，将军是指挥军队的人；一个国家，君主是掌握国家的人。如果在对敌的过程中掌握了对方的主要人物，那么我们很快就能操控全局，所以我们古代的人都讲究“擒贼先擒王，挽弓当挽强”。

大唐王朝是我国历史上最为强大的朝代之一，但是唐玄宗后期宠爱贵妃杨玉环，“君王从此不早朝”，后来又宠信安禄山，从而直接导致了“安史之乱”的爆发，这也使得一个强大王朝走向了衰败。

“安史之乱”的时候，安禄山气焰很是嚣张，一路上拔城攻寨连连大败唐军，当时有很多唐朝的节度使都四处观望，以便随时倒向于自己有利的一方。安禄山的儿子安庆绪派手下的大将尹子奇率领十万大军进攻睢阳，当时驻守睢阳的是御史中丞张巡，张巡希望能够施展“擒贼擒王”的计策。于是他派人多次偷袭尹子奇的营地，可是从来只闻其名未见过尹子奇本人，一旦两军在城前对峙，他更无法在众人之中找到尹子奇了。

在这种艰难的形势下，张巡想到了一个好计策。他让士兵找了很多秸秆，并且将秸秆的头儿削尖了当成箭射了出去，敌军看到睢阳城上射出来的箭这么多大惊失色，但是中箭的人发现就有一点儿疼，根本没有受伤，细细一看原来自己中的箭都是用秸秆做成的，于是都很高兴，他们以为张巡的军队已经弹尽粮绝了，所以都兴冲冲地跑到主帅那里报告去了。张巡就依靠这样的方法找到了尹子奇。只见神箭手南霁云一箭射出，正中尹子奇的左眼。敌军大将受伤，手下抱头鼠窜，大败而逃。

在这场战斗中，张巡很好地运用了战术找到了对方主帅，将对方一举打败。这个故事告诉我们，在敌我的斗争中，我们应该很快地找到对方的统领人物，掌握了这个人就掌握了全局。

原文

彼有好恶，乱我聪明，但各于其党，询之又询。询君子得君子，询小人得小人。虽有隐匿者，亦十得八九矣！（《智囊全集》）

译文

他人都有自己的主观好恶，会扰乱我的视听，但是他们都有所偏党，只要我们再三询问。问到君子就可以知道其人是君子，问到小人就可以知道其人是小人。虽然有人会有所隐瞒，距离真相也是八九不离十了。

解读

人们在社会交往中是相互影响的。怎样利用行之有效的方法和技巧去探求他人的思想、态度和行为，是人们经常遇到的现实问题。

虽然别人都有主观的好恶，会干扰我们的视听，但每个人都会有所偏好，只要我们多问几次，就会慢慢变得清晰，了解到对方是一个什么样的人，有着怎样的特性和目的，知晓对方的心理后，就可发动心理攻势，让对方高兴，或反激对方自负等方法，使对方透露给你你想知道的信息，虽然这样也会有人有所隐瞒，但距离真相也已经是不远的了。

所以我们说话要讲究方法，关键在于掌握对方的心理，针对对方的心理对症下药，把话说到对方心里去，这样才会产生共鸣，得到对方的认可，使对方接受。

案例

赵高指鹿为马

我们在与人的交往中有的时候会被对方的一些看法所蒙蔽，这个时候我们就需要通过行之有效的办法去辨别对方看法的正确性，探察一下对方的真正想法，只有这样我们才能够做出准确的判断。

秦始皇去世的时候，大公子扶苏不在身边，当时赵高找到李斯诱惑他帮助胡亥登上了秦皇的宝座，赵高后来又设计除掉了李斯，自己担任了丞相。赵高一直野心勃勃，他希望自己有朝一日能够将胡亥赶下台去，自己称帝取而代之。可是，他并不知道朝中大臣有哪些是可以任凭自己摆布的，在这种情况下，他就想了一个办法，看看自己在朝中的地位到底有多高，顺便也可以得知到底哪些人是支持自己的，哪些人是反对自己的。

一天皇上上朝的时候，赵高派手下人牵了一只鹿走了过来，然后满脸堆笑地对皇上说："皇上，我千辛万苦地给您找来了一匹千里马！"秦二世胡亥再糊涂也能够分辨出马和鹿的区别，就跟赵高说："这明明是一头鹿啊！你看那鹿头上还长着角呢，你见过哪匹马能长角的吗？"赵高面不改色心不跳地对答如流："皇上您看，这分明就是一匹马啊，不信，您问问满朝文武，让大家说说这到底是啥！"

看到赵高一副扬扬得意的表情的时候，这些长期在政治旋涡中打滚儿的人马上就明白了其真正用意。这时候出现了三种不同的人：

那些平时就和赵高关系很好的奸佞之徒一看巴结主子的机会到了，全都厚着脸皮恬不知耻地说这个动物就是一匹马；那些有一定正义感但是胆子比较小的大臣都低着头不说话，因为他们说真话怕被奸佞所害，不说真话又对不起自己的良心；还有一类真正的正直之士，他们据理力争，明确告诉皇上这根本就是一头鹿。经过这次事情，赵高基本知道了朝中大臣的立场和品行，在今后的政治生涯中，他想尽了一切办法将那些不肯苟合自己的正直大臣都给治了罪。

这个故事就告诉我们，在与人交往的时候应当能够从对方的言行中看出其真正目的，在这种情况下你就能够做出适合自己人生道路的最佳选择了。

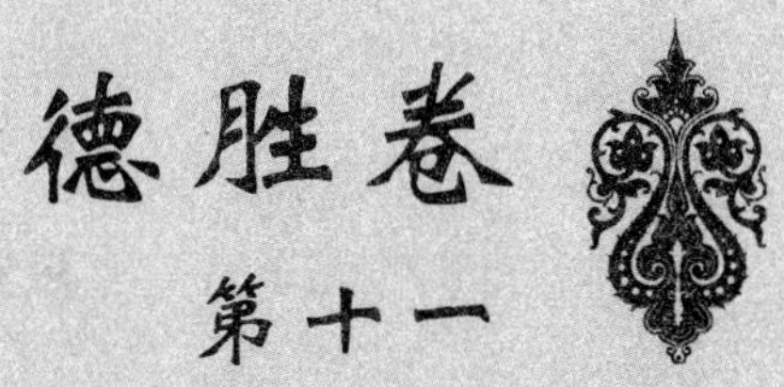

德胜卷

第十一

原文

木秀于林，风必摧之；堆出于岸，流必湍之；行高于人，众必非之；前鉴不远，覆车继轨。(《运命论》)

译文

一棵树高出整个森林，大风一定会将它吹折。多出岸边的土堆，流水一定会将它推倒。一个人的品行如果高于众人，别人就一定会对他产生非议。前面的车翻倒了，后面的车却还一个接一个地按照旧的车辙在前进。

解读

墨子曾经说过，如果有五把锥子，其中的一把锋利，那么最锋利的那把一定最先折断，有五把刀子，其中磨得最快的一把也一定最先损坏，孟贲被杀害，西施最终被拖入江中，商鞅最终被车裂，这些人也都是因为才能过于表现得出众而遭遇了祸害。

“枪打出头鸟”，太冒尖了，人就难以自保，这是从古至今都不变的真理。傲气不敛，锋芒毕露，只能招来别人的嫉恨，有道是，人言可畏，你的优秀可能招致无止的毁谤与谰言，最终只能让自己碰得头破血流，成为一个失败者。

因此，人不应该清高自傲、一意孤行、我行我素，不要看见别人过于露出锋芒失败了，自己还不明就里地按照他们的方式前进，要审时度势，谦虚谨慎，不要太过于出风头，否则风头出多了，吃亏的还是自己。

案例

古语说得好："木秀于林，风必摧之；堆出于岸，流必湍之；行高于人，众必非之"，我国历史上不乏能人招嫉的故事。如果一个人太露锋芒，那么就会招来别人的嫉妒，经常不会有好的下场。反之，一个人如果能够勤奋做事低调为人，那么他就是一个比较成功的人了。

三国时期可以说是谋臣们一展才华的时期，当时每个阵营中都有着很多能人谋士，传说曹营中的贾诩是一个比诸葛亮还聪明的人，他本来是董卓的谋臣，后来辗转辅佐张绣，张绣运用了贾诩的建议两次战胜了强大的曹军。官渡之战前，贾诩力劝张绣降曹，自己也就成了曹操的谋臣。

贾诩在官渡之战中为曹操筹谋划策，希望曹公能够抓住有利于自己的时机果断出兵，促使了曹操火烧乌巢，从而赢得官渡之战的胜利。211 年韩遂、马超率领着关中联军十多万人在潼关和曹军对峙，又是贾诩献计用了反间计使得马、韩两人反目成仇，为曹操平定关中立下了汗马功劳。

曹操尚未立接班人的时候，贾诩曾经对曹丕说："希望将军您能够修炼自己的德行，好好地学习，不要违背人子应该遵守的品德。"曹丕照着他的话去磨炼自己的品格，后来曹操私下问贾诩的意见，贾诩对于此事三缄其口，曹操再次追问，他就说："我只是想到了袁绍和刘表。"曹操知道贾诩是以此二人立接班人的事情暗示自己，所以就立了曹丕为太子。

在曹操的阵营中，因为曹操本人的性格问题，很多谋士都是不得善终的，但是贾诩却得以全身而退，在曹丕称帝以后，他还被封为太尉，这样的情况在三国那种混乱的历史时代是不多见的。照着贾诩自己的想法，那就是他自知自己并非曹操的旧部，又深知曹操为人，所以总是采取闭门自守的政策，既不张扬自己，也不和别的人走得太近，即使是儿女的婚事也绝不攀附权贵，这样的做法就是当时的很多谋士也是非常推崇的。

贾诩可谓是有智慧的谋臣，他低调行事，从不张扬自己使得保全了自己的性命，以 77 岁的高龄去世，谥号肃侯。由此可见，真正聪明的人都是懂得运用智谋的人，他们虽有着过人的才智，但是从来不会过分地展现，只有这样才能够保护自己啊！

原文

审人伦之则，探性命之微，根于诚信之地，往来仁义之涂。(《潜书》)

译文

审查人伦的准则，探求性命之学的奥旨，都是以诚信作为根本，再来行仁义之事的。

解读

诚信是一个人的通行证，我国历史上留下了很多关于信用的论述，如“一诺千金”“一言既出，驷马难追”“言必信，行必果”等。

诚信是一个人踏入社会的基本品质，也是必不可少的素质。它不仅关系着一个人未来的发展，在重要时刻还会影响人们的前途。人要立身于社会，取得别人的信任，诚信是绝不可少的，它就像人身边的空气，看不见，却真真实实地存在，当它消失时，才会发现它的重要。

如果你有诚信的品质，千万不要因为一点诱惑就抛弃它，而是应该始终贯彻下去。要知道，没有信任就不会有默契，就不会有事情的合作成功。诚信是一种无形的资产，当你需要帮助的时候，它就会发挥威力。

案例

尾生抱柱信

伟大领袖毛主席曾经这样教育我们说：对人诚恳是不会失败的。所谓诚信，指的就是诚实与守信，这是我们中华民族的美德，是我们每个人都要遵守的一种品质。

春秋时期，孔子的家乡鲁国曲阜有一个叫作尾生的年轻人，他品德高尚，乐于助人，和人交往尤其守信用，当时四邻八乡的人都很喜欢他。有一次他的一个亲戚来家里借醋，没想到尾生自己家的醋也用完了，但是他并没有回绝，而是让对方等待，自己从后门偷偷出去向邻居借了醋送给自己的亲戚。

后来尾生迁居到了魏国，在那里他认识了一位美丽的姑娘，并且一见钟情，姑娘也很喜欢尾生，可是因为尾生家里非常穷困，所以得不到姑娘父母的欢心。为了追求自己的幸福，姑娘决定和尾生私奔，一日，两人就约定在韩城外的一座桥边相见，之后就一起回到尾生的老家。到了约定的时间，尾生如约而至，耐心等待在桥边。谁知天有不测风云，突然乌云翻滚，狂风大作，雷鸣电闪，大雨如注。这次的雨下得太大了，居然引发了山洪，滚滚的洪水携带者泥沙奔涌而来，瞬间江水就上涨，甚至超过了尾生的膝盖。一般人在这种情况下早已经离开桥边回到了家里，但是尾生想到自己和姑娘的誓言，虽然他远远望去只有洪水茫茫，看不到姑娘的身影，可是他依然守着自己的承诺，紧紧地抱着桥柱，以至于最后被洪水淹死了。

那位姑娘在家中想方设法地瞒过父母，终于在半夜时分逃出家门来到桥边。此时洪水已经退去，姑娘看到的是死命抱着桥柱，翘首以盼的尾生的尸体。她伤心欲绝号啕大哭，为了回报尾生自己就投河自尽了。

尾生抱柱的故事就是一个诚信的故事，这种高贵的品质为后人所称颂，所以汉朝人有“黄金万两不及季布一诺”的说法，这都是人们对诚信的认同啊！当今社会变幻莫测，人与人之间失去了信任，如果我们都能怀着“尾生抱柱”的誓言，一定可以重建诚信人间！

原文

颜子之不较，孟子之自反，是贤人处横逆之方；子贡之无谄，原思之坐弦，是贤人处贫穷之法。

译文

遇到有人冒犯自己时，颜渊不和人计较，孟子则反省自己的过失，这是君子对待别人冒犯时的方法；在贫穷之时，子贡不向富人献谄取媚，子思安贫乐道，弹琴自娱，这是君子应对贫穷的方法。

解读

人生中难免会遇到别人蛮横无理、寻衅滋事的时候，对此颜渊不予计较，一笑置之，孟子自我反省，审察自己有无过错，这些都是君子的风范，与有些人在遇到别人冒犯自己时以牙还牙、拔剑而起形成了鲜明的对比。拔剑而起、以牙还牙必然会引起一番争斗，到最后可能两败俱伤，也可能没伤到别人反而完全伤到了自己。

人在应对平白无故的责难时，应该向颜渊和孟子学习，不以怒制怒，不以怨克怨，对人对事不计前嫌，不报私仇，这不仅是息事宁人的手段，也是一种重大局、讲信义的人生态度。

如果物质上贫穷，那在精神上就应该乐观。小人因为贫穷可能会做些不法的事情，而君子则不然，子贡不因为贫穷抛弃人格，贫而能守，子思弹琴自娱，贫而能乐，这样安贫乐道，谨慎修身的方法值得赞赏，无论是穷是富，都应该保持乐观的生活态度，知足常乐，安贫乐道，才能享受到人生的真味，战胜贫困，过上美好的生活。

案例

无欲则刚

古人有云："欲而不知止，失其所以欲；有而不知足，失其所以有。"这就告诉我们人要有所满足，如果欲望过大那是不行的，只有追求精神上的平和才能真正的做到贤能，只有无所求才能够达到人生最高的境界。

明朝时期有一个很有名的人叫作胡九韶，他一边在乡间教书，一边在田里耕作，生活得很是困苦。就这样的一个人每天都要到家门口去点燃一炷香，然后郑重其事地跪倒在地上，冲着青天拜几拜，以此来感激上苍赐予了他一天的清福。胡九韶的妻子不解，嘲笑他道："咱们家一天到晚的饭都是喝菜粥，怎么能够说是清福呢？"胡九韶回答道："我说咱们享清福是有原因的。第一，咱们生活在治世，在这样的太平盛世中没有战争侵扰，没有兵祸来临，这难道不是应该庆幸的吗？第二，咱们全家人虽然每天吃得不好，但是毕竟天天都有饭吃，虽然穿得不算很好，但是也能蔽体，不挨饿受冻岂不是应该庆幸的吗？第三，咱们家里人身体全都健健康康的，也没有人犯罪在监狱里，这难道不是应该值得我们开心的事情吗？"

的确如此，胡九韶的精神追求超越了常人，正如人们常说的那样：海纳百川有容乃大，壁立千仞无欲则刚。为孔子津津乐道的爱徒颜回正是把握了这样的道理，才能够一箪食，一瓢饮，在陋巷，人不堪其忧，他也能不改其乐啊！

罗马著名的哲学家塞尼逊曾经说过："人最大的财富，是在于无欲。"所以一个没有欲望的人，想来是很难被人打败的吧！

原文

势无常也，仁者勿恃。势伏凶也，智者不衿。(《止学》)

译文

势力没有永恒的，仁德的人不会去依靠它。势力埋伏着凶险，有智慧的人不会去夸耀它。

解读

很多人总是想方设法钻营权势，希望自己能拥有一定的地位，得到一定地位后又梦想着拥有更大的权力，但却不知道权势并不是永恒的，不管一个人取得了多高的地位，势力有多大，也终有消亡的时候，自己也逃脱不了一死。如果只想着自己的权高位重就狂妄自大，目空一切，到了功高震主之时，那离祸患也不远了。所以仁德的人是不会倚仗权势做出些飞扬跋扈的事来的。

只要拥有权势，就一定暗藏着凶险，每个人都打破了头往权势里钻，那你所在的位置也必然会有很多人盯着，巴不得你有朝一日垮台落魄，或者是正在处心积虑地算计于你。如果你毫无自知，以身在高位而沾沾自喜，在人前卖弄权势，那你离祸患也不远了。所以有智慧的人都知道权势不是安全的，绝不会在人前夸耀它，而是永远以一种谦恭的心态去拥有它。

案例

谦虚大将卫青

权势这个东西是一把双刃剑，他既给了你叱咤风云的机会，同时也将你推到了风口浪尖。很多聪明的人都能够看透这个道理，所以即使他们位极人臣也会小心翼翼，也会以一种谦恭的态度去对待它，只有这样才能够全身而退，保护自己的平安。

卫青是我国历史上著名的大将军，他的姐姐正是汉武帝的皇后卫子夫，自己的妻子又是和汉武帝关系很好的长平公主，他的皇亲国戚的身份自是非同一般。同时卫青战功赫赫，他第一次出征的时候就在龙城大败匈奴，打破了当时匈奴不败的神话，他的英勇功绩也是当时乃至后代将军都很少有人能匹敌的。可以说无论从和汉武帝的私人关系还是从为公的角度来讲，卫青都有着一定的资本，但是他却从来没有在朝中作威作福，从来都是谨慎行事的。

卫青善于处理自己与将士、同僚的关系。因为卫青地位高、战功大，所以汉武帝就颁布了一道旨意，让当朝的文武官员见到卫青的时候行跪拜大礼，当时有个大臣叫作汲黯，他从来没有给卫青行过跪拜之礼，每次相见不过是揖手而过。卫青不但不对汲黯生气，还很器重对方，他知道汲黯有治国经世之道，就去向对方请教。西汉时期经过漠北大战以后，卫青基本就不再出征了，此时接替卫青出战的是他自己的外甥霍去病，汉朝有一个规定叫作“无功不得封侯”，于是那些想要追求军功的部下就都离开了卫青转投到霍去病的军中，这样的事情也没有引得卫青不快，他和霍去病的关系一直很融洽，而且还鼓励自己的人去为国家建功立业。

春秋战国时期有一类非常特殊的人叫作士人，战国时期著名的四公子就是以养士出名的。西汉时期虽然士人的团队不似之前那么庞大，但是还有一些地位比较高的人养士，卫青的手下苏建也建议卫青养士，可是卫青认为做臣子的只要做好分内的事情就行了，而且皇上也不喜欢这样的情况出现，所以自己根本不去想养士的任何事情。

卫青的战功显赫，地位也显赫，皇上也很宠信他，可是他并没有仗着这些就骄傲奢侈，反而为人低调，可见其深谙为官之道啊！

原文

众见其利者，非利也。众见其害者，或利也。君子重义轻利，小人嗜利远信，利御小人而莫御君子矣。(《止学》)

译文

许多人都能看见的利益，就不是利益了。许多人都视为是有害的东西，有的却是有利益的。君子重视道义而轻视利益，小人贪恋利益而远离信用，利益可以驱使小人但却是不能驱使君子的。

解读

如果一件东西大家都看到它的好处，都去追逐它，那它返给人们的利益只会越来越少，有时还会让人满盘皆输。真正的大利益往往存在于那些还没被人认清的东西身上，如果能够发现它，自己去挖掘，所获得的利益才是巨大的。

但对于利益的获取，一定要以道义为基础，利益不是衡量人格的标准，道义才是。孔子云:“君子喻于义，小人喻于利”，“君子怀德，小人怀惠。”可见义是衡量君子与小人的核心概念。

君子获取利益，必定会先审查获取是否符合道义，而小人则会不择手段，远离道义，历史上就曾发生过很多利益团体为争利互不相让，角逐厮杀，最终两败俱伤的事。

利益可以驱使小人，却是不能驱使君子分毫的。俗话说，“君子爱财，取之有道”，只有在道德的规范下得来的利益才是真正的利益，不然即使夺了去，最后也是保不住的。

案例

悬丝尚书山涛

在忙忙碌碌的人世间，人们都或多或少地看重“利益”两字涵盖的内涵，但是不同的人面对利益的态度是不同的。

西晋时期的名士、政治家山涛是“竹林七贤”中的人物，在司马家和曹家争权的时候，山涛隐居山间不问世事，直到司马师掌权以后，他才出山，做到了尚书吏部郎。山涛在朝廷任职，选举百官都唯贤是举，具有非常敏锐的政治洞察力。当年晋武帝曾经下诏书要罢除天下所有的兵役，山涛就提出了反对意见，说不应该废除各州郡的武装，但是皇帝没有采取他的意见，最后天下大乱，各个州郡都无力镇压，果然出现了山涛之前预料的情况。

山涛在晋朝为官前后有三十多年，可以达到宠辱不惊的程度，他自始至终都以清廉之风为官，以简约之气立命，一生中从来不收其他人送来的任何礼物。山涛曾经一度担任吏部尚书，掌管天下官员的人事安排，这可以说是一个美差，很多钻营的小人都想给山涛送礼，以谋得一官半职，毫不夸张地说，当时想方设法、托人走关系地来给他送礼的人氏络绎不绝，但是山涛把所有的这些小人都轰出了家门。

当时有一个叫作袁毅的县令，为了能够顺利将礼品送给山涛可谓煞费苦心，他打探到山涛不在家的时间，就偷偷地给山涛家里送去了一百多斤的真丝。山涛回家以后才知道，但是自己也无可奈何，于是就命令家人把这些真丝收好了，并且悬挂在家里的梁上而从来不用。后来，袁毅的劣迹终于败露了，朝廷得知他还曾经给山涛送过真丝，就派人到山涛家里去查询有关事宜，山涛立刻将来人带到自己悬挂真丝的地方，只见那百斤的真丝还和刚挂上去一样，虽然有的已经被虫子蛀食了，但是连封印都没有打开。众人不由得从内心里就钦佩山涛的为人，也因此山涛就多了一个“悬丝尚书”的雅号。

在利益的面前，人们有着不同的态度，像山涛这样做到不为不义之财动心的人又有多少呢？现今的世界中，我们会面临更多的诱惑，在这种情况下就需要大家保持高洁的品质，做出正确的人生选择了。

原文

不自反者，看不出一身病痛。不耐烦者，做不成一件事业。(《格言联璧》)

译文

不会自我反省的人，看不出自己一身的病痛；做事不耐烦的人，则不能成就一件事业。

解读

做人应经常省察自己的一言一行和起心动念，自古以来凡是成就大事业的人，无不把反省作为自我修养的重要手段，唯有反省，才能看到自己的缺点，明白自己的不足。孔子说："见贤思齐焉，见不贤而内自省也。"看到别人的优点，就要设法使自己也具有相同的优点，看到别人的缺点，就要反省自己，看自己是否也存在类似的缺点。孟子也说："仁者如射。射者正己而后发。发而不中，不怨胜己者，反求诸己而已矣。"仁者立身处世也像射箭一样，射不中，不怪比自己技术好的，只会从自身寻找原因。

做事也要有毅力，要懂得坚持下去，做事不耐烦，半途而废的人是永远也不会成功的。追求成功的过程往往充满了戏剧性，最初它可能让人看到成功的曙光，但一到关键时刻，就会有一些意想不到的困难降临，致使你变得不耐烦起来。而要成功，就一定要克服这种不耐烦的情绪，唯有坚持到底，才能拥抱成功。

案例

坚韧不拔杨露禅

1998年内地曾经上映过一部与香港地区合拍的电视连续剧《太极宗师》，讲了一个少年自幼喜欢学武，后来将我国传统文化中重视的忠、义、仁、孝等内容融进了太极拳，终于成为一代宗师的故事。这里的少年在历史上确有其人，这就是杨氏太极拳的创始人——杨露禅。旧派武侠小说的代表人物之一的宫白羽也曾经根据杨露禅的故事写出了著名的作品《偷拳》。

杨露禅是我国历史上第一个把太极发扬光大的人，他少年时期就爱好习武，但是由于家中贫困无法正式学武，所以他只能在一个叫作“太和堂”的中药铺当学徒，凑巧的是这个药铺是陈家沟的人陈德瑚开的，而陈家沟就有著名的拳师陈长兴。比较幸运的是杨露禅当学徒的时候，碰到陈长兴借用陈德瑚家的大院子教授徒弟。杨露禅按捺不住自己对武学的喜爱之情，就偷偷地观看陈师傅教学生，然后偷偷地把自己看到的招式用心记下来，在没有人的时候偷偷地练习，结果被陈长兴给发现了。

但是，陈长兴并不是一个迂腐的人，他看到杨露禅打得偷学来的拳也是有板有眼的时候，觉得这是一个可造之材，于是就摒弃了江湖中所谓的门户之见正式收其为徒，准许他在做药房学徒的业余时间学习拳术。

在其后的18年中，杨露禅曾经三次到陈家沟学习武术，即使是条件再恶劣，杨露禅也从来没有中断过追求的梦想，所以当他艺成之时已经40多岁了。为了生活，杨露禅先后在老家永年、北京等地授徒，他善于创造，勤于思索，针对京城中王公贵族的特点一点点地改进自己的拳法，最终形成了杨氏太极拳的雏形。杨露禅出身贫寒家庭，但是怀着一颗对武学的赤诚之心坚持自己的梦想，不管什么样的环境都阻挡不了他前进的步伐，在坚韧不拔的练习和坚持不懈的学习中，他终于做出了一番成就。

我们在自己的人生中也难免会遇到不同的困境，要想成功，就必须像杨露禅那样，付出一定的努力才能够获得最后的成功。

原文

和平处事，勿矫俗以为高。正直居心，勿设机以为智。(《围炉夜话》)

译文

以和气平易的心情处世，不要显得与世俗不入，自视清高。以公平正直作为心中的标准，不要以耍手段来显示自己的聪明。

解读

人不管在哪一方面，都不能将自己拔得太高。没有谁就一定比别人清高，比别人聪明，自认为高高在上的人到了一定时期就会发现，自己的高也是别人推上去的，当脚下的东西撤开的时候，他少不了会重重地摔一跤。

觉得自己高人一等的人自我意识太强，自我感觉太好，喜欢显现自我，喜欢表露自我，但他们却忘了即使最失败的人也有他曾经的辉煌，即使最潦倒的人也有他保持尊严的底线。

世界上没有不变的东西，“花无百日红”，你今天可以对人指手画脚，明天却未必能，无论自己身份、地位怎么样，都应该以和气平易的心情来处世，以公平正直作为心中的标准，以尊重换尊重，以善良换善良。

案例

王莽篡位

世界上没有一成不变的事物，当我们身处低谷也许会有一鸣惊人的一天，而当我们身在高位的时候也有可能有朝一日就从云巅上摔入谷底，所以人应该保持一种心平气和的状态。

王莽是我国历史上短暂的朝代新的建立者，他本是汉朝的外戚，这个人为人很是谦恭，无论朝野名声都很好，当时认为其将是挽救汉朝危机的最佳人选，有的人甚至称其为“周公再世”。

公元前 1 年，汉哀帝刘欣驾崩，王莽的姑母，也就是当时的太皇太后王政君收回了玉玺，并且任命王莽为大司马，同时掌管禁军，甚至是百官奏章也由其处理，45 岁的王莽一下子就成了全国的实际权力的掌握者。王莽上台以后的确是做了一些维护刘氏政权的事情，大家都歌颂其恩德，就连太皇太后颁与其安汉公的荣誉都是几经推辞才接受的。之后王莽更是做了很多事情，奏请朝廷设置各种市场仓库，为有学问的人建造房屋，诱使匈奴等族来朝，全国上下一片太平盛世的景象。

汉平帝去世以后，王莽逐渐暴露了他的真面目，为了避免年长懂事的皇帝继位影响自己的权力，他刻意选立了年仅两岁的孩子做继承人，此时他就明目张胆地开始代天子管理朝政了。没过几年，王莽又制造了一些谶言、符命，从而在公元 8 年的腊月正式称帝。

王莽在做朝臣的时候一直采用谦恭的态度，从不为自己招来大的祸患，所以人们才认为其是汉末的周公，古诗有云：“周公恐惧流言日，王莽谦恭下士时。若使当时便身死，古今忠馁有谁知？”

虽然我们不能像王莽这样假仁假义，做被时代唾弃的乱臣贼子，但是王莽为人处世的经验实在是给了我们极大的启示啊！

原文

莲朝开而暮合，至不能合，则将落矣，富贵而无收敛意者，尚其鉴之。草春荣而冬枯，至于极枯，则又生矣，困穷而有振兴志者，亦如是也。(《围炉夜话》)

译文

莲花一般在早晨开放而在晚上闭合，到了不能闭合时，就是要凋落了，那些大富大贵之后只知放纵却不能自我约束的人，恐怕要以此为鉴戒。野草春天繁盛到冬天枯萎，枯萎到了极致时，也就是要重新发芽的时候，处于贫困境遇之中而立志振奋的人，也要从中自我激励。

解读

物极必反，否极泰来。事物发展到了顶峰就会走下坡路，事物发展到了低谷就会呈现上升势头，天地至理，万物的生机就给我们揭示了这样的道理。花开花落，向世人道出创业易守成难的道理，富贵一经挥霍，只有衰败一途；风吹草生，正如处于极度困穷的境遇的人，只要心存斗志，重整旗鼓，定能守得云开见月明。

所以，人如果富贵了，就要懂得自我约束，勿要放纵，处于贫困的境地中时，就要刻苦努力，这样才会迎来翻身之日。

案例

大富石崇

马克思主义原理告诉我们事物的两个方面之间是相互转换的，这样的思想也显示在我国古代传统哲学中，《周易》告诉我们的“否极泰来”也是相同的意思。

石崇是西晋时期著名的文学家，他为世人所知的一个重要原因是他的富有。石崇本是西晋开国元勋的儿子，所以在朝中为官自是平步青云，而后树大招风，渐渐地在政治上失志才在金谷园购置了别院，号召天下文人聚集于此，生活惬意。

根据《世说新语》记载，石崇富可敌国，他家的厕所都修建得比一般官宦人家还要华美，里边准备着各种香水、香料以除味，客人要是在他家上了厕所，石崇还派一些美女侍奉其换下原来的衣服，换上石崇为其准备的华服。

石崇的财产不计其数，人们都无从知道具体数目，一次晋武帝穿着外国进贡的一种叫作火浣布的布料制成的衣服来到石崇家里，石崇知道以后自己故意穿着平常的丝绸制成的衣服，却让自己家里的50多个奴隶都穿上火浣衫迎接皇上，实在是大大抹了皇上的面子。

石崇曾经和晋武帝的舅舅王恺比富，当时王恺家吃完饭后使用糖水洗锅，石崇就把蜡烛拿来当柴烧；王恺做了长达四十里的紫丝布步障，石崇就要做比他长十里的，晋武帝因为不满石崇就在暗地里帮助自己的舅舅，他挑选了外邦进贡的一棵高二尺多的珊瑚树给王恺，这珊瑚树枝条繁密，很是精美。石崇看到以后直接用铁如意将其敲烂了，并且将自己家里的珊瑚树全都搬了出来，这些珊瑚树居然还有三四尺高的，散发出来的光芒比皇上赐予王恺那棵耀眼多了。

后来石崇的外甥欧阳健得罪了一个叫孙秀的人，孙秀得势之后找借口去找石崇要他最喜爱的姬妾绿珠被拒，孙秀就将石崇诬陷为乱党，趁机霸占了他的财产。石崇为官多年，十分明白“匹夫无罪，怀璧其罪”的道理。

石崇聚集了天下的许多宝物，不但不知收敛还四处显示，触怒了其他人，也抹了皇上的面子，在这种情况下又怎么会有好下场呢？我们在现在的生活中应当低调做人，应当将自己的钱财放到该用的刀刃上，而不应当如石崇般肆意显示，从而落得个被诛三族的下场。

原文

必出世者，方能入世，不则世缘易坠。必入世者，方能出世，不则空趣难持。(《小窗幽记》)

译文

一定要有出世的襟怀，才能深入世间，否则，在尘世中便易受种种攀缠而坠落。一定要深入世间，才能真正出世，否则，就不容易长久地待在空的境界里。

解读

入世和出世是相对的。一个人要想入世为官，干出一番事业，最好先要有出世的思想和体验。能看透世间的种种现象而不执着于功名利禄，才能真正地做到为国为民谋福利，并且成就一番伟业。不然，心怀贪婪，执着世俗，就容易不法，损公肥私，落个千古骂名。

一个人要出世，则也一定要真正感受过人间之事，不如此就没有一个深刻的认识，出世之后还要入世。只有真正体验过生活，备受折磨，心生悔悟，感受过繁华热闹的人，才能放下一切，立地成佛，也就能把持住诸法空相的境界了。

案例

大丈夫王安石

入世和出世就像是一对双生子，它们相互依存，只有经历了入世的繁华，才能体会出世的淡然，要想无所牵挂地出世，也应该有入世的人生经历，只有这样你才能够洞察很多真理，才能够深深体悟到两者之间的关系。

王安石是我国北宋时期著名的政治家、文学家，他的一生一直致力于为老百姓谋福利，他在宋仁宗的支持下大张旗鼓地开始变法，他自己说“天变不足畏，祖宗不足法，人言不足恤”，这样的决心使得新法在北宋施行了16年之久，虽然因为政治上的原因最终以司马光为首的保守派上台使得新法遭到了“流产”的命运，但是毋庸置疑的是，王安石变法的确在客观上促进了宋朝政府的经济发展，老百姓们也从中获得了很大的好处。

但是即便是宋神宗在位期间，王安石所主张的新法也不是没有任何阻力。因为新法的一些内容在很大程度上动摇了大多数官僚集团、大地主阶级的现有利益，所以保守派一直反对变法。同时，变法过程中还有很多趁机揩油的官员，使得王安石处在了“众疑群谤”的漩涡之中，在这种情况下宋神宗迫于巨大的压力，接受了王安石主动写的辞职信，贬其为江宁知府。风头稍过，时隔不到一年，又任用其为丞相，过了几年再次被免职。后来王安石退隐到了江宁地区，过着闲居自得的隐居生活。

王安石是一个非常有原则的人，可以说他是历史上唯一的一位不纳妾、无存款的宰相，因此不管是他的朋友还是政敌全都极力赞扬王安石的为人。王安石一生尽自己最大的努力救世，从来不计较个人的得失，不管是升官还是贬职，都不紧不慢，从容不迫。在经历了一世繁华之后，他又懂得放下在江宁地区出世生活，真可谓是一位具有真正佛心的大丈夫啊。

王安石的人生态度影响了我国台湾著名作家李敖先生，记得2005年9月李敖来到北京的法源寺参观的时候，有记者问他：“出世和入世相两者进行比较的话，您更喜欢哪一个？”李敖的回答智慧而耐人深思：“能入世才能出世，反过来也一样。”这个简单的语言实际上已经非常深刻地为我们解答了入世和出世之间的关系了！

原文

入世须学东方曼倩，出世须学佛印了元。(《幽梦影》)

译文

入世应该学习东方朔，出世应该学习佛印了元。

解读

入世出世是很难把握的，身担重任、身不由己时就想逃避现实，佛门中有很多人也不能自如摆脱束缚，但入世的东方朔和出世的佛印了元却做到了。

东方朔身在朝堂，虽踏入了仕途，但不即不离，幽默滑稽，依违顺世，故能全身远害，是入世者的楷模。佛印了元既已出世，却又不离人生，堪称出家人的典范。

所以，入世的人要学习东方朔只把朝堂当作避世之所，不与人竞争，不为了功名利禄去害人坑人，不要太过执着，斤斤计较，自然就能得其所哉，居庙堂如居山林。出世的人要学习佛印了元修佛在于修心，不一定过分拘泥于形式，尽其本心就可以了。

案例

白居易的中隐

我国古代自从陶渊明开启了隐逸之风，后人多以其为代表，在人生不得意的时候也爱学习陶潜，希望自己也能过上“采菊东篱下，悠然见南山”的生活，而这隐逸又有不同类型，唐朝著名诗人白居易晚年可谓是遁世而居，但他是典型的“中隐”。

唐文宗大和九年（835年），长安城内爆发了历史上著名的“甘露之变”，皇上和大臣设计铲除宦官失败，宦官反手杀了四宰相，幽禁了皇上。这件事使得当时的大多数士人都放弃了盛唐时期的追求，中断了自己忧国忘己、永明朝廷的梦想，白居易当时正在洛阳，他也成为了这些士人中的一员。

白居易一生经历了唐朝几代皇帝，他在被贬江州之前一直以积极热情的人生态度对待入世这件事情，但是被贬江州以后，他做出了其一生中的重要决定，虽然他人还在仕途，但是他却在任职期间形成了一种独善其身的人生方式。

晚年的白居易退居到洛阳城中担任了太子宾客的职位，常年居住在东都，这是他历经宦海沉浮以后，对仕途极度失望并且失去兴趣以后的一种选择，他的这种半官半隐是当时很多社会名流的最终选择，也正是在这个时期，白居易写出了那首很有名的诗《中隐》：

大隐住朝市，小隐入丘樊。丘樊太冷落，朝市太嚣喧。不如作中隐，隐在留司官。……

可以说在经历了一生的沉浮之后，白居易失去了对朝廷的热情，他的这种选择是一种完全正确的生活，直到70岁以后，白居易还经常一人流连于洛阳的群山之中，一人打坐于碧绿色的岩石之上。他通过个人对儒释道的理解形成了自己的一套人生哲学，很多学者都认为宋代苏轼在仕途中的做法不过是白居易精神的继承者和拓展者，所以白居易在中国士人中的地位是很高的。

人生在世，不管你是出世还是入世都要有自己的人生哲学，这个人生哲学至少要有一定的道德作为基准，所以我们才会羡慕白居易，才会标榜东方朔，才会学习佛印，这些人身上共有的洒脱和人生准则是值得我们深深思索和效仿的！

原文

透得名利关，只是小休歇。透得生死关，方是大休歇。(《小窗幽记》)

译文

看得透名利的，只不过是小休歇而已。能看得透生死的，才称得上是大休歇。

解读

名利乃身外之物，生不带来，死不带去，它加在身上，满足人的只是一种感觉，感觉是可以消失的，它进入腰包，满足的只是口体，口体的欲望是无止境的，名利又如何能满足。追名逐利，欲壑难填，就会殚精竭虑，甚至不择手段，让我们消磨掉青春年华，耗费掉毕生精力，到头来也最多是给了自己一个空名，满足了一点口腹之欲而已，并没有任何实际的意义。所以，人生不必太将名利挂在心上，应顺其自然，得之不骄，失之不馁，如此才能快乐常在。

然而，能看透名利的，还不是快乐的极致，能看透生死的才是。人生最害怕的也许就是死了，在死亡来临之际，人都会心怀恐惧，因为怕死，有些人甚至做出埋没人格、出卖灵魂的事来，最终在历史中留下污点。如果能够做到连死都不怕，自然面对，那还有什么痛苦和磨难是能把人打倒的呢？没有痛苦和磨难，我们也才能真正地回归大自然，那便是永恒地休歇了。

案例

庄子鼓盆送妻

1993年的台湾的电视剧《少年英雄》的片尾曲《得意地笑》中有一句这样的歌词：人生本来就是一出戏，恩恩怨怨又何必太在意，名和利啊，什么东西，生不带来死不带去……这句简单的歌词却是很多人都走不出的怪圈，他们在名利的旋涡中挣扎，希望自己能够从中脱离出来。

庄子是道家重要的代表人物，他随遇而安看破生死。庄子出外游历，回到家不到一年的时间，他的妻子就去世了，庄子的好朋友惠子来到家里吊唁，发现庄子居然盘着腿坐在地上，一边敲打着盆子，一边唱歌。惠子很是不解，问道："你与人家夫妻一场，给你生了孩子，还为你持家多年，现在人家去世了，你不悲伤痛哭就算了，居然还在这儿唱歌，这件事是太过分了。"庄子回答道："我并不是你所想的那样。我妻子刚刚去世的时候，我也是悲伤得很啊，可是我思前想后地终于发现我之所以这么悲伤那是因为我不明白生死的道理，也不清楚天地之道啊！等我想通了才像现在这样不那么悲伤了。"

惠子听了庄子的话，认为对方是胡搅蛮缠，于是说道："生死的道理是什么呢？"庄子回答道："我认真观察了生命开始的时候，不但是没有生命，而且连形状、气息全都不存在，人经过一生不过是又回归了最初形态罢了，这就和四季交替一样啊。所以，现在我的妻子去世了，人还在整个天地中间，那我何必悲伤呢？"

惠子又说："道理这么说是没错的，可是从情感上又怎么过得去呢？"庄子进一步解释："生存还是死亡这都是命中注定的，不管什么状态都是由气化成的，人情一般都不了解这个原因，所以才有悲伤和欣喜。如果明白了其中的道理，用道理去理解感情，那么还有什么不能忍受的呢？"

庄子的解释也许并不符合现代科学解释，但是他鼓盆而歌，送妻升遐正是道家思想中无为的境界，而这种境界并不是任何人都能够达到的，也许只有明白了庄子的所作所为，我们才能达到不在乎名利的境界吧！